Michael Stahl

Vater-Sehnsucht

MICHAEL STAHL

Vater-Sehnsucht

GLORYWORLD-MEDIEN

4. Auflage 2016

© 2012 Michael Stahl

© 2012 GloryWorld-Medien, Xanten, Germany

Bibelzitate sind, falls nicht anders gekennzeichnet, der Einheitsübersetzung entnommen. Weitere Bibelübersetzungen:

LUT: Lutherbibel, Revidierte Fassung von 1984
REÜ: Elberfelder Bibel, Revidierte Fassung von 1985
SLT: Schlachter 2000
HFA: Hoffnung für alle, Basel und Gießen, 1983.

Das Buch folgt den Regeln der Deutschen Rechtschreibreform. Die Bibelzitate wurden diesen Rechtschreibregeln angepasst.

Lektorat: Annette Schiesl, Katja Riedel
Satz: Manfred Mayer
Umschlaggestaltung: Rainer Zilly, www.kreativ-agentur-zilly.de
Foto: istockphoto (Stephanie Phillips)
Druck: CPI books GmbH, Leck

Printed in Germany

ISBN: 978-3-936322-68-2

Bestellnummer: 359268

Erhältlich beim Verlag:

GloryWorld-Medien
Beit-Sahour-Str. 4
D-46509 Xanten
Tel.: 02801-9854003
Fax: 02801-9854004
info@gloryworld.de
www.gloryworld.de

oder in jeder Buchhandlung

INHALT

Gewidmet allen Vätern und Söhnen,

meinem Vater und meinen Kindern,

und dem Vater aller Väter.

Vorwort

Dies ist ein Teil meines bewegten Lebens. Geschichten voller Schmerz und Trauer, aber auch voller Vertrauen und Hingabe. Dies ist die Geschichte eines Vaters über seinen Vater. Geschrieben für Väter und Söhne. In einer Welt, in der immer mehr Kinder ohne Väter aufwachsen oder mit Vätern, die kaum Zeit haben, ist es schwer, über den besten und liebsten Vater aller Väter zu berichten. Doch ich will wagen, von Gott als Vater zu erzählen.

Es ist eine Liebesgeschichte!

Im ersten Gebot der Bibel stellt sich Gott uns Menschen vor: „Ich bin der Herr, dein Gott."[1]

Wir heben die Worte „ICH BIN DEIN" hervor.

Das ist ja eine Liebeserklärung. Wer schon mal verliebt war, weiß, was ich meine. Oft beendet man einen Liebesbrief mit „ICH BIN DEIN".

Dieses Buch erzählt von einem liebenden Vater. Wer diesen Vater für sich entdeckt hat, findet seine Wurzeln, seine Identität und den wahren Sinn des Lebens. Begleite mich auf meiner Reise und finde den Sinn deines Lebens.

---

[1] 2. Mose 20,1.

Väter dürfen nie vergessen, dass sie auch immer Söhne sind, und zwar Söhne ihrer irdischen Väter. Wenn wir uns selbst gute und starke Kinder wünschen, sollten wir uns einmal diese Frage stellen: Sind wir selbst auch gute Kinder unserer Eltern? Sind wir Kinder, die Vater und Mutter ehren, sie lieb haben und ihnen das auch immer wieder sagen?

Dieses Buch ist eine Herausforderung. Schaue dir einmal deine Wunden an, die man dir „geschlagen" hat. Es ist eine Zeit der Heilung. Das Gute in dieser Welt muss wieder siegen.

Dazu müssen wir uns selbst ändern.

Wir sollten über uns selbst Bescheid wissen. Wer sind wir? Wo kommen wir her? Was ist der Sinn des Lebens? Und wo gehen wir eines Tages hin? Wir Männer stellen uns immer wieder dieselben Fragen: Sind wir ein richtiger Mann? Was macht uns zum Mann? Wohin mit unseren Sehnsüchten und Träumen? Sind wir selbst gute Söhne und gute Väter?

Fragen über Fragen, die nur der beantworten kann, der uns geschaffen hat. Sehnsüchte, die nur der stillen kann, der sie in unser Herz gelegt hat. Oft hören wir von „Burn-out" oder „ausgebrannt". Das bedeutet doch, dass mal ein Feuer da war. Die Frage ist: Wer hat das Feuer gelegt? Und wie halten wir es am Leben, bzw. wie entfachen wir es wieder neu?

Begleite mich auf meiner Reise zu meinem ersten Helden, meinem Vater. Gehe mit mir ein Stück durch die dunklen Täler. Begleite mich zu dem Ort, wo ich selbst als Vater versagt habe. Habe Teil an den Wundern, die ich erleben durfte, und nimm reichlich von dem Schatz, der für dich darin enthalten ist.

Vertraue, auch wenn es dir schwerfällt. Die Tatsache, dass du dieses Buch liest, ist kein Zufall. Es fällt dir zu, weil du in den Augen Gottes, des Vaters, unendlich wertvoll bist. Ich bin sicher, dass er dir durch diese Geschichten einiges sagen möchte. Öffne die Ohren und Augen deines Herzens. Es könnte sein, dass sich dein ganzes Leben verändert, heute noch. Es liegt an dir und es liegt in dir. Du hast die Gabe, die Welt zu verändern.

Herzlichst,
Michael Stahl

1 Ein Tag wie Weihnachten

Es war ein verregneter Spätsommervormittag Ende der siebziger Jahre, mein Geburtstag. Ich stand verträumt am Fenster unseres alten Häuschens und blickte auf die Straße.

Mir war, als würde der Himmel mit meiner Seele weinen. Geburtstage sind stets etwas Besonderes, sie sind ein bisschen wie Weihnachten. Tage, an denen man denkt, man wird besonders behandelt. Deine Welt um dich herum geht anders mit dir um, wertvoller. Oft kommt es anders, als man denkt oder es sich wünscht. Ich erwartete keinen Kuchen mit Kerzen zum Ausblasen, keinen festlich dekorierten Raum. Nein, nur ein Lächeln, eine Geste, eine zärtliche Berührung oder ein nettes Wort, und zwar von dem wichtigsten Menschen in meinem Leben, meinem Vater und Helden. Gedankenverloren starrte ich aus dem Fenster. Traurig und trübe erschien mir das Leben dort draußen. Was würde der Tag wohl für mich bringen?

Ein Festtag, ein ganz besonderer Tag, der Tag der Tage für Millionen von Kindern.

Eine Spannung machte sich in mir breit. Unsicher kreisten meine Gedanken, bis die Tür des Wohnzimmers aufging und mich aus meinen Träumen riss. Da stand er, wenige Schritte von mir entfernt, mein Vater.

Sein Gesicht war entschlossen, markant, ohne jede Gefühlsregung. Ich spürte, dass es für ihn kein besonderer Tag war, kein Festtag, kein Anlass zum Feiern, kein Gefühl von Weihnachten. Unsere Blicke trafen sich. Mit der Sicherheit eines „Geburtstagskindes", ja, eines Kindes, das aufgrund dieses Tages unter besonderem Schutz steht, ging ich auf ihn zu, diesen großen, starken Mann und wagte zu fragen: „Papa, was bekomme ich heute zum Geburtstag?" Wir standen uns gegenüber, Vater und Sohn. Man hätte eine Stecknadel fallen hören können. Sekunden wurden zur Ewigkeit. Alles hätte ich fragen können, nur nicht diese Frage an diesem Tag, zu dieser Zeit, an diesem Ort. Übermächtig und stark stand er mir gegenüber. Ich war seiner Antwort völlig ausgeliefert und allem, was nun geschehen würde.

In diesem Augenblick wusste ich, dass ich kein Päckchen auspacken würde, nicht mit dem Geschenkpapier kämpfen und keine Schleifen durchschneiden könnte. Ich wusste, ich würde etwas empfangen, was weit von dem entfernt ist, was meine Sehnsüchte stillen würde.

Die Welt schien still zu stehen, als würde sie aufhören zu atmen, als warte das ganze Universum gebannt darauf, was nun geschehen würde.

Mein Vater blickte mir entschlossen in die Augen. Sein Blick war voller Verachtung. Mir schien, als würde er Luft holen. Nein, dem war nicht so.

Er spuckte mir mitten ins Gesicht. Sein Speichel lief an mir herunter. In meinem tiefsten innersten Schmerz vernahm ich seine Stimme:

„Reicht das? Willst du noch mehr?" Dann verließ er das Zimmer.

Da stand ich, meine Seele von einem Speer der Verachtung und Lieblosigkeit durchbohrt.

Ich war ohne Hass und ohne Wut, einfach nur zerbrochen und wehrlos.

Meine Tränen vermischten sich mit dem Speichel meines Vaters.

Im Alter von fünf Jahren wurde ich auf Gott aufmerksam, durch ein Din-A5-großes Jesusbild. Damals fragte ich mich, warum mich dieser Jesus auf dem Bild so liebevoll ansah und warum er Löcher in den Händen hatte. Je mehr ich von diesem Jesus erfuhr, desto mehr liebte ich ihn und vertraute ihm. Ich fing an zu beten, ihm alles zu erzählen, ihm zu vertrauen.

Ich stand wieder vor dem Fenster, blickte zum Himmel und zeigte ihm meinen Schmerz. Den Speichel wischte ich nicht weg. Gott selbst sollte sehen, was man mir angetan hatte. Jesus wurde auch bespuckt. Ihm fühlte ich mich nun ganz nah. Niemals las ich in der Bibel, dass er Speichel wegwischte. Anspucken ist die Tat, die aus tiefster Verachtung hervorgeht. Diese tiefste Verachtung trug er bis zum Hügel auf Golgatha. So trug ich auch meine erlittene Verachtung zu ihm hin.

Er verstand mich. Ihm war dasselbe geschehen wie mir.

So dachte und fühlte ich in jenem Augenblick.

Je mehr ich weinte, desto mehr wurde die Spucke der Verachtung meines Vaters von den Tränen aus meinem Gesicht gespült. Ich weinte nun mit dem ganzen Himmel.

Ich spürte, ich bin nicht allein. Gott selbst trauerte mit mir. Ich machte mir Vorwürfe, ob diese Eskalation wohl meine Schuld war, wie so oft. Ich habe Papa wütend gemacht und war schuld daran, dass er sich vielleicht schuldig fühlte.

Eigentlich wollte ich so sein, dass er stolz auf mich war. Wieder einmal hatte ich es nicht geschafft, ich war nicht gut genug. Doch in das Weinen, die Trauer und die Selbstanklage mischte sich ein Gefühl von Wärme und Mitgefühl. Ich fühlte, dass Gott an meiner Seite war und mit mir weinte.

Ich schaute aus dem Fenster. Tränen liefen unaufhörlich über mein Gesicht und tröpfelten zu Boden wie Wasser aus einem undichten Wasserhahn.

Aus unserem vorsintflutlichen Radio ertönte das Lied „Adieu mein kleiner Gardeoffizier".

Dieses Lied wurde für mich zum Synonym von Verachtung, Trauer, aber auch von Gottesnähe. Mein Vater war mein erster Held, die Liebe meines Lebens. Egal, was er tat oder nicht tat, meine Liebe war ihm sicher.

2 Der Traum

Wie erschlagen wachte ich auf. Mein Herz war in Aufruhr, Chaos in meiner Seele. Meine Gedanken spielten verrückt. Ich hatte schlecht geträumt, oder war es kein Traum, sondern eine Botschaft, eine Bitte von dem, der sich stets das Beste für uns wünscht?

Ich träumte, mein Vater sei gestorben. Ich wusste in jenem Augenblick, dass mein Denken, mein Handeln und vieles andere nicht so war, wie es sein sollte.

All die Jahre habe ich, so dachte ich, meinen Vater gut christlich behandelt. Nie hatte ich ihn abgeschrieben, obwohl ich so oft wütend auf ihn gewesen war und ich mich oft für ihn geschämt hatte. Immer wieder hatte ich versucht, Frieden mit ihm zu halten.

An jenem Morgen wusste ich, dass ich etwas zu tun hatte, was ich schon vor längerer Zeit hätte tun sollen: einen wahrhaften Frieden mit ihm zu suchen.

Ich hatte gedacht, ich hätte einiges in meinem Leben geschafft. Zwar war ich zum zweiten Mal verheiratet, doch aus meiner ersten Ehe ging mein wunderbarer Sohn Manuel hervor. Ich war selbstständig und einigermaßen erfolgreich. Doch was ich bis dahin nicht geschafft hatte, war, Frieden mit meinem Vater zu haben.

Dieser Traum schüttelte mich durch, dieser Traum zerrte an mir.

Ich machte mich schnell fertig, denn ich wusste, was ich zu tun hatte: meinen Vater aufzusuchen und Frieden zu schließen, bevor der Tag kommen würde, an dem es nicht mehr möglich wäre.

Mein Vater hat Zeit meines Lebens nicht gearbeitet. Unendliche Male wurde ich deshalb in der Schule gequält und war dem Spott meiner Mitmenschen ausgesetzt, auch noch als Erwachsener.

Eines Tages, es war in meiner Lehrzeit, wurde ich beauftragt, etwas in einem Laden zu besorgen. Ich stand an der Kasse. Vor mir war eine ältere Dame, die sich mit einem Verkäufer aufgeregt über einen anderen Mann unterhielt. Plötzlich kapierte ich, um wen es ging. Sie zogen über meinen Vater her, der draußen vor dem Schaufenster stand. Der Verkäufer stempelte meinen Vater angewidert als Säufer und Abschaum ab. Die Frau gab ihm recht, und beide meinten, dass sie mit ihrer Arbeit derartigen Abschaum finanzieren müssten. Ich war schockiert, unfähig zu handeln, am liebsten wäre ich im Erdboden versunken. Ich wünschte mir in diesem Augenblick, ganz woanders zu sein, doch ich war hier und musste mir diese schrecklichen Dinge über meinen Vater anhören. Ich stand da wie gelähmt.

Der Verkäufer richtete nun seinen Blick auf mich und sprach mich an. Dabei deutete er auf meinen Vater, der immer noch vor dem Schaufenster stand, und fragte mich: „Kennen Sie diesen Mann auch?"

Mir stockte der Atem. Was sollte ich nun antworten? Wie sollte ich reagieren? Was wäre jetzt wohl das Richtige?

Mit hochrotem Kopf und zitternder Stimme sagte ich: „Nein, ich kenne den Mann nicht."

Ich konnte selbst kaum glauben, was ich da sagte. Ich erinnerte mich in diesem Moment an Petrus, der seinen Herrn dreimal verleugnete und behauptete, Jesus nicht zu kennen und ihm nie begegnet zu sein.

Tief im Innersten meines Herzens hörte ich einen Hahn krähen.

Jesus sagte beim Abendmahl zu Petrus, er (Petrus) werde ihn dreimal verleugnen, ehe der Hahn krähe. So fühlte ich mich. Ertappt, mein eigenes Fleisch und Blut verleugnet zu haben, meinen eigenen Vater.

Alles, was wir getan haben, können wir nicht mehr ungeschehen machen. Und alles, was wir unterlassen haben, können wir ebensowenig nachholen.

Und nun träumte ich, meinen Vater verloren zu haben. Ich machte mich auf den Weg, um ihn zu finden. Normalerweise war er immer unterwegs, doch an jenem Morgen fuhr ich nur einige Sekunden, da stand er am Straßenrand. Er lebte also. Ich fand ihn und suchte nach Vergebung und Frieden.

Ich hielt mitten auf der Hauptstraße, ließ das Fenster herunter und schrie hinaus: „Vater, ich mag dich schon!"

Da er schlecht hörte, fragte er nach und ich schrie ein zweites Mal: „Ich mag dich schon!" Verwundert schaute er mich an. Ehe wir weitersprechen konnten, wurden wir durch lautes Hupen der hinteren Fahrzeuge gestört. Also fuhr ich weiter.

Nein, das reichte nicht, mein Herz war völlig durcheinander. Ich spürte, das reichte nicht. Niemals habe ich in der Bibel gelesen, dass wir uns mögen sollen.

Nein, Jesu letzter Wille war „Liebt einander, wie ich euch geliebt habe."[1]

Wir sollten uns nicht nur mögen, sondern lieben.

Ich betete und sagte zu Gott, ich wisse, wonach er sich sehne und was er sich von mir wünsche. Ich sagte: „O.k. Gott, ich gehe zu meinem Vater. Das Problem ist, ich habe heute drei Termine, die muss ich wahrnehmen und mein Versprechen halten. Wenn einer von denen absagt, dann gehe ich."

Ich dachte, ich könnte mit Gott verhandeln, denn in Wahrheit wollte ich nicht zu meinem Vater gehen. Ich dachte, das „Ich mag dich" würde reichen. Doch Gott wollte mehr, da er mich kennt und weiß, was gut für mich ist.

Irgendwie wollte ich mir nicht die Blöße geben und mich vor meinem Vater klein machen. Schließlich hatte er mir viel angetan und er hätte ja auch kommen und mir was Nettes sagen können.

Das Klingeln meines Handys riss mich aus meinen Gedanken. Ich ging ran. Ein Mann meinte, er müsse den Termin an diesem Tag um 14 Uhr absagen bzw. verschieben.

Nun wusste ich, dass ich mit Gott nicht groß verhandeln musste; er hatte einen festen Plan. In jenem Augenblick vertraute ich ihm voll und ganz.

Ich fuhr in die Kneipe, in der mein Vater ein einfaches und bescheidenes Zimmer gemietet hatte.

Ich stieg die Treppen hoch zum ersten Stock und stand vor seinem Zimmerchen mit der Nummer fünf. Mein Herz pochte. Es war voller Liebe. Ich wusste, nun wird alles gut, da ich Gott an meiner Seite hatte.

---

[1] Johannes 15,12.

37 Jahre ohne wahrhaften Frieden – doch mit Gott an meiner Seite, meinem treuen Freund, Begleiter und Beschützer, dem Vater aller Väter, wusste ich, dass jetzt die Geburtsstunde eines neuen Lebens kommen würde.

Ich war bereit, alles zu geben, und wusste, dass ich noch viel mehr bekommen würde.

Ich klopfte an die Tür und trat in das ärmliche Zimmer.

Da stand er vor mir. Wir standen uns gegenüber wie damals vor 30 Jahren. Doch diesmal fragte ich nicht nach einem Geschenk, sondern ich kam mit dem größten Geschenk, das ich schon immer in mir trug, die Liebe zu meinem Vater.

Er war mir nicht mehr übermächtig wie damals. Schwach und zerbrechlich stand er vor mir, unsicher sein Blick und sein Stand. Nun wartete er, was kommen würde. Niemals werde ich diesen Moment vergessen. Ich spürte, wie Gott mich führte und anstupste, wie er an meiner Seite war und sich nach Versöhnung sehnte. Zwei Dinge sagte ich zu meinem Vater: „Vater, ich liebe dich." Und: „Bitte vergib mir."

Göttliche Stille umgab uns und machte sich im Zimmer breit.

Mein Vater sah mich sekundenlang völlig erstaunt an. Ich fühlte seine Gedanken: „Was? Der kommt zu mir? Ich habe ihn doch geschlagen und nach ihm getreten, ich habe ihn bespuckt, und nun bittet er mich um Vergebung?"

Mitten in sein Staunen hinein sagte ich: „Vater, wundere dich nicht, warum ich dich um Vergebung bitte. Mit jedem Tag, an dem du meine Sehnsüchte nicht gestillt hast, bin ich weiter von dir weggegangen.

Doch ich hätte nicht weggehen sollen, sondern noch näher zu dir hin. Mein ganzes Leben lang habe ich mich für dich geschämt und wollte dich verändern. Doch eines habe ich gelernt: Ich kann nur einen Menschen ändern, nämlich mich selbst. Selbst wenn du tausend Fehler gemacht hast und ich nur einen, dann bitte ich dich, vergib mir diesen einen Fehler."

Mein Vater schaute mich an. Keine Wut, keine Verachtung. Stattdessen breitete sich Wärme in seinem Herzen und seinen Augen aus.

Er kam zu mir her, nahm mich in den Arm und machte das, wonach ich mich vor 30 Jahren lang gesehnt hatte. Er drückte mich an sich und flüsterte mir ins Ohr: „Ich hab' dich lieb."

Durch diesen Traum, meine Demut und meinen Entschluss, Frieden zu suchen, kam der allmächtige Gott, der Schöpfer des Himmels und der Erde, in dieses schäbige, armselige kleine Zimmer. Der Frieden Gottes füllte diesen kleinen Raum. Der Himmel selbst kam zu uns.

Die Liebe Gottes war in uns und um uns herum. Arm in Arm, eine Einheit: So sollten Vater und Sohn leben und zusammenhalten.

Doch dazu braucht es Menschen, die auf Gottes Wort hören, die ihm vertrauen, die bereit sind, Verrücktes und Kühnes zu wagen mit der Gewissheit, dass Gott sie nicht allein lässt.

Mein Vater wurde an diesem Tag ein neuer Mensch. Er wurde wie neu geboren. Eine Freundschaft entstand. Er war Ehrengast in unserem Haus.

Im Juni 2009 wurde meine Tochter geboren. Er hielt sie in den Armen und weinte. Er spürte, dass Heimat kein Ort ist, der auf einer Karte eingezeichnet ist, sondern ein Ort, an dem die Menschen sind, von denen man geliebt wird.

Er wurde der beste Opa, den man sich wünschen konnte, und gab sein Letztes. Er lernte: Je mehr er aus Liebe gab, desto mehr bekam er zurück.

Wir beteten immer wieder zusammen das Vaterunser.

Die Liebe Gottes lebt in und durch uns. Ich habe gelernt, dass es nur einen Menschen gibt, den ich verändern kann: mich selbst. Erst als ich mich geändert hatte, da veränderte er sich.

Ich frage dich: Wann hast du deinem Vater zum letzten Mal gesagt, dass du ihn liebst? Falls du keinen Vater mehr hast, bitte Gott darum, dein Vater zu sein. Er wird sich deiner annehmen. Lebst du in Streit, Hass oder gar in Gleichgültigkeit, gehe heute noch den Weg, den ich gegangen bin. Aber geh' nicht allein, sondern nimm Gott, deinen himmlischen PAPA, mit.

Erlebe das Wunder, das ich erlebt habe. Warte nicht auf das Wunder, sondern sei selbst ein Wunder. Gott hat dich lieb und du bist nie allein.

3 Der Schmetterling

Christus sagt: „*Siehe, ich mache alles neu.*"[1] Wie wahr das in meiner Beziehung zu meinem Vater wurde!

Ich musste mich ändern, bevor er sich ändern konnte. Wie oft wünschen wir uns oder beharren darauf, dass sich andere Menschen ändern.

Erst als ich Demut lernte, Stolz und Eitelkeit aus dem Weg räumte und Gott, den Vater, darum bat, mich auf meinem schweren Gang zu begleiten, da wurde alles neu. Mein Vater selbst wurde ein neuer Mensch. Er fing wieder an zu beten und vertraute wieder auf Gott.

Der Hass gegen sich und andere wich immer mehr aus seinem Herzen. Der Friede Gottes machte sich in ihm breit. Ich fühlte mich wunderbar beschenkt.

Eines Tages saß mein Vater bei uns zu Hause im Wohnzimmer. Meine Frau versuchte, ein Foto von unserer Tochter, ihm und mir zu machen. Doch entweder machte der Blitz Probleme oder einer von uns hatte die Augen zu. Ich weiß nicht, wie viele Versuche wir brauchten, bis das Bild endlich gut wurde. Wir lachten alle miteinander.

Doch in den Tagen darauf hörte ich nichts mehr von meinem Vater. Eines Tages stand er angetrunken vor

---

[1] Offenbarung 21,5.

meiner Sportschule und schrie verbittert: „Wie kann man nur einen alten Mann auslachen?" Ich ging zu ihm hin. Mein Herz war voller Mitleid und Liebe für ihn und ich fragte ihn, warum er so etwas sage.

Er meinte, wir hätten ihn ausgelacht.

Ich sagte zu ihm: „Vater, so oft in deinem Leben haben dich Menschen verachtet und ausgelacht, aber wir lachen nicht über dich, sondern mit dir. Du kannst das nicht unterscheiden, weil man dir so oft Unrecht getan hat. Du bist doch mein Vater und ich hab' dich lieb." Seine Stimme stockte. Aus seinem Mund kam ein leises „Entschuldigung".

Durch Vergebung und meine Veränderung gab mir Gott eine neue Sicht für meinen Vater. Ich sah ihn voller Liebe an.

In den Wochen und Monaten darauf musste er mehrmals ins Krankenhaus. Doch niemals war sein Zustand lebensbedrohlich. Ich spürte, dass seine Zeit bald ablaufen würde. Gott schenkte uns diese gemeinsame Zeit des Friedens und der Versöhnung. Oft beteten wir zusammen in seinem „Zimmerchen".

Eines Tages musste er nach Ulm in die Klinik. Zur selben Zeit hatte ich ein Projekt in der Nähe. Meine Kollegin und ich beschlossen, während der Pause meinen Vater zu besuchen. Als er uns sah, kannte seine Freude kaum Grenzen. Meine Kollegin schob den Rollstuhl meines Vaters und wir gingen in den Park der Klinik. Die Sonne schien ihm ins Gesicht und ein Friede lag darauf. Jetzt beim Schreiben wird mir klar, dass der Friede Gottes auf seinem Gesicht lag und seinem Angesicht eine besondere Note gab.

Nur Friede – keine Anklage, keine Verbitterung. All das, was er so viele Jahre mit sich herumgetragen hatte, verwandelte sich nun in Liebe und Frieden.

Nach einiger Zeit gingen wir ins Gebäude. Auf dem Weg zu seinem Zimmer kamen wir an der Krankenhauskapelle vorbei. Er bat uns, in die Kirche zu gehen. Meine Kollegin schob ihn vor den Altar direkt vor das Kreuz. Als er nach oben schaute, füllten sich seine getrübten Augen mit Tränen. Voller Hochachtung blickte er nach oben.

Dann betete er in einer ehrfürchtigen und liebevollen Weise, wie ich es noch nie bei einem Menschen gesehen hatte. Er, der einst sehr fern von Gott gewesen war, betete nun voller Liebe und Hingabe zu seinem Schöpfer.

Ich spürte seine Sehnsucht, die erst erfüllt wurde, als er Gott in sein Leben aufnahm. Er senkte sein Haupt und fing an zu beten. Vielleicht kannst auch du, lieber Leser, mit meinem Vater und mir jetzt zu unserem himmlischen Vater beten:

Vater unser im Himmel,
dein Name werde geheiligt.
Dein Reich komme.
Dein Wille geschehe, wie im Himmel, so auf Erden.
Unser tägliches Brot gib uns heute.
Und vergib uns unsere Schuld, wie auch wir vergeben unser'n Schuldigern.
Und führe uns nicht in Versuchung, sondern erlöse uns von dem Bösen.
Denn dein ist das Reich und die Kraft und die Herrlichkeit in Ewigkeit.
Amen.

Meine Kollegin und ich waren tief berührt. Ich fühlte, wie der himmlische Vater ihn zu sich zog.

Zwei Tage später durfte er das Krankenhaus verlassen. Eines Abends besuchte ich ihn überraschend in seinem Zimmer. Er strahlte, als er mich sah. Dann meinte er, dass es gut sei, dass ich gekommen sei, denn er müsse auch bald gehen. Er suchte nach Socken und Schuhen. Ungefähr zwanzig Mal wollte er sich zu später Stunde anziehen und gehen. Ich meinte, er sei doch zu Hause, worauf er mir entgegnete, dass er heimgehe. Erst einige Tage später sollte ich das verstehen.

Zusammen mit seinem Arzt beschlossen wir, dass er am nächsten Tag nochmals in die Klinik gehen solle. Um 11.30 Uhr kam der Rettungsdienst. Ich führte ihn die letzten Schritte zum Wagen. Im Rettungswagen nahm ich ihn liebevoll in meine Arme und sagte: „Ich hab' dich lieb."

Kurz bevor der Wagen anfuhr, kam Tante Elfriede noch vorbei, die Schwester meines Vaters. Das war ein Geschenk des Himmels, genau in der richtigen Sekunde. Sie konnten sich noch voneinander „verabschieden".

Ich hielt seine Hand. „Ich hab' dich lieb!", rief ich nochmals hinterher. Das war das letzte Mal, dass ich ihn sah, meinen Vater und Helden.

Zwei Tage später telefonierte ich mit der Klinik. Nachdem man mich mehrmals verbunden hatte und mir niemand über den Zustand meines Vaters Auskunft gab, wusste ich, was ich gleich erfahren sollte. Ich blickte zum Kreuz im Esszimmer: „Herr Jesus, ich weiß, was nun gleich kommt. Ich will dich lieben, wenn es mir gut geht, und will dich lieben, wenn es mir schlecht geht." Wenige Sekunden später sagte man mir am Telefon, mein Vater sei in jener Nacht gestorben.

Mein Vater und meine Tochter

Meine Welt brach zusammen. Die Tage und vor allem die Nächte danach waren sehr schlimm. Eines Tages bat ich Gott, meinem Vater ein Zuhause im Himmel zu geben. Wenige Minuten später fand ich eine Postkarte im Briefkasten. Sie war von einem Freund.

„*In meines Vaters Haus sind viele Wohnungen. Ich werde hingehen, um euch eine Stätte zu bereiten.*"[2] Gott hatte binnen weniger Minuten geantwortet.

Ich könnte über jene Tage und über mein ganzes Leben so viel schreiben, was Gott alles Gutes an mir getan hat. Er tröstete mich und war immer für mich

---

[2] Johannes 14,2.

da. Wie kann man nur Gott, diesen liebevollen Vater, ablehnen? Ich könnte gar nicht leben, nicht einmal atmen oder einen einzigen Schritt ohne ihn gehen.

Es kam der Tag, an dem ich am offenen Sarg Abschied nahm. Mir fiel ein, dass ich als kleiner Junge, wenn mein Vater schlief, an seinen Oberarmen fühlte. Ich wollte wissen, wie viel Muskeln ein Mann hat. Wenn er sich rasierte, beobachtete ich ihn ganz genau. Wie rasiert sich ein Mann? Wenn er weinte, sah ich heimlich zu ihm hin. Wie weint ein Mann?

Ich war in der Leichenhalle alleine mit ihm. Während ich diese Zeilen schreibe, steht ein Bild meines Vaters in Sichtweite. Ich durchlebe alles noch einmal. Ich stand an seinem offenen Sarg und sagte ihm, wie sehr ich ihn liebte – wie damals als Kind. Ich fühlte seine Muskeln. Ich küsste ihn und spürte seinen Bart. Ich hatte die Augen geschlossen. Wir beide hatten sie geschlossen und spürten uns ein letztes Mal.

Als Kind hörte ich manchmal seinen Herzschlag. Wenn er tief schlief und nicht schnarchte, war ich darum besorgt, ob sein Herz noch schlagen würde. Ich hatte ihn immer geliebt, deshalb sorgte ich mich um ihn. Wer liebt, der ist besorgt.

Zärtlich streichelte ich meinen Vater und legte meine Hand auf seine Brust. Sein Herz hatte aufgehört zu schlagen. Er war zu Hause. Ich wusste, dass er nun bei Gott war, wo alle Sehnsüchte gestillt werden und alles Zerbrochene neu wird. Ein Friede lag auf seinem Gesicht, als würde er schlafen. Er war müde gewesen. Gott gab seiner Seele den Frieden, nach dem er verlangt hatte.

Während ich diese Zeilen schreibe, laufen Tränen über mein Gesicht. Nicht Tränen der Trauer, sondern Tränen der Dankbarkeit, dass Gott meinem Vater und mir den Frieden geschenkt hat, nach dem wir uns gesehnt hatten, dass wir uns neu entdecken durften und gemeinsam beten konnten. Nach unserer Versöhnung war mein Vater ein völlig neuer Mensch geworden. Wie eine Raupe, die sich in einen Schmetterling verwandelt.

Ist jemand in Christus, so ist er eine neue Schöpfung; das Alte ist vergangen, Neues ist geworden (2. Korinther 5,17).

Wenige Tage nach der Beerdigung ging ich zu Vaters Grab. Als ich über den Friedhof lief, bat ich Gott: „Bitte schenke mir heute einen Schmetterling." Was sah ich auf den letzten Metern zum Grab? Ein Schmetterling flog über das Grab meines Vaters. Soeben scheint die Sonne in mein Büro, obwohl der Himmel heute grau in grau ist. Ein Gruß vom Himmel am Grab meines Vaters und ein Gruß vom Himmel, während ich darüber schreibe. Wohin geht die Hoffnung derer, die Gott nicht als Vater kennen? Wohin geht ihr Dank? Zu wem schreien sie in ihren dunklen Stunden?

Ich bin geborgen in der Liebe Gottes. In Jesus haben wir die Vergebung unserer Schuld vom Himmel geschenkt bekommen. Mein Vater hat dieses Geschenk angenommen.

Als er damals das Vaterunser betete, wurde ihm klar, dass ihn Gott bei dem Wort „Vater" zu seinem Kind erhoben hatte.

Mein Vater ist nun zu Hause, wo unser Herr Jesus ihm eine Wohnung bereitet hat.

Wenn ich heute mein kleines Töchterchen frage, die er so unendlich geliebt hat und heute noch vom Himmel her liebt, wo Opi ist, dann sagt sie: „Im Himmel bei Gott." Sie weiß es und spürt es, denn die Liebe verbindet uns. Die Liebe hört niemals auf und hat einen Namen: „Jesus Christus."

Gott ist die Liebe. Wer in dieser Liebe bleibt, bleibt in Gott und Gott in ihm (Johannes 4,16 b).

„GOTT IST LIEBE." Diese Zeile steht auf dem Grabstein meines Vaters, und dieses Wissen war auch in sein Herz eingemeißelt. Wir alle kommen mit der Liebe Gottes auf die Welt. Wir tragen die Fähigkeit in uns, unendlich viele Wunder zu vollbringen, weil Gott selbst in uns lebt. Diese Wunder gehen immer mehr verloren, wenn wir uns von Gott entfernen.

Was bleibt, ist eine unendliche Sehnsucht, eine Neugierde nach dem, was war, was ist und was kommt. Viele Menschen stillen diese Sehnsucht mit Horoskopen, Kartenlegen oder Drogen. Diese Sehnsucht kann aber nur Einer stillen, Gott selbst, unser Vater. Bei ihm sind wir zu Hause, dort ist die Erfüllung aller Wünsche und Sehnsüchte. Dann sind wir angekommen. Mein Vater hat sein ganzes Leben lang versucht, diese Sehnsucht mit den schrecklichsten und traurigsten Dingen zu stillen.

Sehnsucht ist die Suche nach dem Paradies, nach Schönheit, nach Liebe, nach Heimat, nach Frieden, nach dem, was in Ewigkeit bleibt – Gott.

An dem Tag, als mein Vater Gott um Vergebung bat und ihm neu vertraute, wurde er von Neuem geboren. Er wurde ein neuer Mensch. Viele, die diese Zeilen lesen, leben im Streit mit anderen, vielleicht sogar mit ihren Eltern. Mache heute noch Frieden mit ihnen, egal, wie schwer es ist. Bitte Gott, dich zu begleiten. Du gehst auf diesem schweren Weg nicht allein.

Mit meinem Gott springe ich über Mauern (Psalm 18,30).

Wage es! Der Gewinn ist unfassbar! Denke aber daran, dass du keinen Menschen ändern kannst, nur dich selbst. Auch wenn der andere nicht so darauf reagiert, wie du es dir wünschst, hast doch du dich verändert und den ersten Schritt getan. Nur das zählt. Ändere dich noch *heute*, nicht morgen. Wer *morgen* nach Frieden sucht, lebt heute noch im Krieg.

Mein ganzes Leben hat sich nach jenem Traum verändert. Ich vertraute Gott und ging diesen schweren Weg der Versöhnung. Mein Vater, meine Familie und ich wurden dadurch unendlich reich beschenkt. Mein Vater ist nun an dem Ort, wo alle Sehnsüchte gestillt werden. Er ist zu Hause, in seinem Vaterhaus. Ich weiß und spüre es. Er ging im Frieden mit sich selbst, mit uns und mit seinem himmlischen Papa.

Was kein Auge geschaut, kein Ohr gehört und in keines Menschen Herz je gelegt wurde, das hat Gott denen offenbart, die ihn lieben (1. Korinther 2,9).

„Ich danke dir, Gott, himmlischer Vater, hier und jetzt, dass du mich trotz all meiner Fehler so annimmst, wie ich bin, dass du Frieden geschaffen hast zwischen meinem Vater und mir, sodass ich ein unbeschreibliches

Wunder erfahren durfte. Ich bitte dich, berühre jeden einzelnen Leser, diesen Schritt ebenfalls zu tun. Und sollte es nur einer sein, dann wird sich das Leben eines Menschen auf wunderbare Art und Weise verändern."

Lieber Leser, es ist an der Zeit, Frieden zu schaffen. Wünschst du dir eine bessere Welt?

Fange gleich selbst damit an. Gehe hin und mache einen wichtigen und notwendigen Besuch oder Anruf. Warte nicht, bis der andere sich meldet, denn er wartet auf dich. Mache du den ersten Schritt und lass dich nicht abhalten. Alles andere hat Zeit. Schaffe jetzt Frieden; nachher oder morgen kann es vielleicht schon zu spät sein. Überwinde alle Mauern der Eitelkeit und des Stolzes.

Gegen all die Ungerechtigkeit auf dieser Welt hat Gott etwas getan – er hat DICH geschaffen!

Ändere dich so, wie sich eine Raupe in einen wunderschönen Schmetterling verwandelt. Jesus spricht: *„Siehe, ich mache alles neu."*

Lerne, darauf zu vertrauen, und entdecke das Wunder der Liebe Gottes.

Denke daran, du bist nie allein. Gott hat dich lieb und ist immer an deiner Seite.

Mache dich auf, Frieden zu schaffen. Verändere deine Welt und die Welt um dich herum.

Sei mutig und stark! Fürchte dich also nicht, und hab' keine Angst; denn ich, Gott, DEIN VATER, bin mit dir, wohin du auch gehst (Josua 1,9).

4 Die erste Stimme

Dies ist die Geschichte meines besten Jugendfreundes, der einen Großteil seines Lebens ohne Vater aufwuchs. Seine Eltern starben, als er ein kleiner Junge war. Ich habe selten einen Menschen erlebt, der mehr durchgemacht hat als er.

Ich weiß nicht, wie viele Abenteuer ich mit ihm erleben durfte. Es waren unendlich viele. Jeden Mittag nach der Schule tobten wir in den Wäldern oder auf den Hügeln und erklommen die höchsten Felsen. Wir kämpften um die Gunst zahlreicher Mädels. Wir waren Helden. Wir lebten zum Glück nicht in einer Zeit, in der Playstation, Gameboys und sonstige Spielkonsolen unser Leben bestimmten. Die höchsten Bäume waren nicht hoch genug. Wie oft stürzten wir ab oder wussten nicht, wie wir jemals wieder sicheren Boden unter die Füße bekommen sollten.

Einmal fiel ich mehrere Meter von einem Baum herunter und brach mir die rechte Schulter. Das hinderte mich aber nicht daran, in den Tagen darauf Fußball zu spielen und herumzutoben. Wir lernten mit der Angst umzugehen! Wir lernten Entscheidungen zu treffen! Wir lernten zu fallen und wieder aufzustehen! In der Natur, mit Freunden im Abenteuer und im Spiel legten wir den Grundstein für unser Mannsein. Hat uns mal ein Mädel gefallen, so gingen wir mit hochrotem Kopf direkt zu ihr und schauten ihr in die Augen. So wurden wir mutig. Heute versteckt man sich hinter dem PC, schaut sich immer seltener in die Augen, lebt anonym und vergräbt sich in einer anderen, oft grauenvollen Welt, die mit dieser Welt nichts zu tun hat.

Es ist schon bemerkenswert. In meiner Funktion als „Gewaltpräventionsberater" habe ich Tausende von Jungs in Schulen, Kindergärten, Jugendgefängnissen und Kinderheimen gefragt: Was würdest du am liebsten mit deinem Vater machen? Nicht ein einziger Junge hat je gesagt, dass er mit seinem Vater gerne am PC sitzen oder an der Playstation spielen würde. Oft leuchteten ihre Augen, wenn sie anfingen zu erzählen, manchmal standen ihnen auch die Tränen in den Augen.

Ihre Sehnsüchte wollten gestillt werden beim Bau eines Baumhauses, beim Klettern, Fußballspielen oder am Lagerfeuer. Alles, was mit Abenteuer, Sport und Natur zu tun hat. Unsere Söhne brauchen das Einfache und das Wertvolle: einen liebevollen Vater, der Zeit hat, um mit ihnen Abenteuer zu erleben. Das ist alles. Und wieder die Frage: Wer hat die Sehnsucht in sie hineingelegt?

Wieso wollten wir Helden sein, Beschützer oder der Eroberer eines Mädchens? Warum war das so und wird immer so bleiben? Wie oft hatte ich einen Zettel geschrieben: „Willst du mit mir gehen? Bitte ankreuzen: ja, nein, vielleicht." Wir wollten Helden sein oder Prinzen mit der dazugehörigen Prinzessin.

Im Fernsehen habe ich einmal eine Adelshochzeit gesehen. Der Moderator fragte einen Experten: „Das ist schon komisch, die halbe Welt schaut sich diese Hochzeit an. Warum? Was meinen Sie?" Der Experte meinte, es läge daran, dass wir schon als Kinder Prinz und Prinzessin sein wollten. Allerdings konnte er keinen Grund dafür nennen. Das ist doch ganz einfach. Es ist ein und derselbe, der das Feuer in uns entfacht hat, sozusagen als Brandstifter, der das Feuer am Leben hält. Es ist der König der Könige. Deshalb wollten wir schon als Kinder Prinz und Prinzessin sein.

Was ist nur aus den Königskindern geworden? Gewalt, Intrigen und Mobbing haben sie von ihrem Vater, dem König der Könige, entfernt. Sie sind voller Sehnsucht, einsam, ausgebrannt und verbittert. Aus diesem Schmerz heraus plagen sie sich selbst und ihre Nächsten. Den Frieden in uns kann uns nur der geben, der der Friede selbst ist, der Vater aller Väter, Gott selbst, der dich geschaffen hat und liebt.

Mein Freund und ich waren Abenteurer. Die Natur, der Sport und so mancher Schmerz hat uns verbunden. Nicht selten waren wir sogar „Rivalen" um die Gunst einer „Prinzessin".

Aber dann war es wie so oft im Leben. Unsere Wege trennten sich nach der Schulzeit. Man sah sich mal hier und mal da, immer in Hochachtung voreinander und in der Erinnerung an die guten alten Zeiten.

Eines Tages hatte er einen schweren Autounfall, bei dem ein anderer starb. Auch er kämpfte einige Zeit um sein Leben. Er konnte den Schmerz nur mit Alkohol betäuben und seine damalige Beziehung zerbrach daran.

Er selbst zerbrach.

Immer wenn ich ihm begegnete, tat es mir unendlich weh. Eines Tages bekam er ein Zimmer in derselben

Pension wie mein Vater. Ich versuchte ihm auf meine Art immer wieder mitzuteilen, dass er wertvoll ist. Doch ich hatte stets das Gefühl, gegen eine Mauer von Trauer und Enttäuschung anzurennen.

Eines Tages, es war ein Freitagabend gegen 21.30 Uhr, verließ ich meine Sportschule. Das Training war zu Ende und ich hatte Feierabend. Auf dem Weg nach Hause sah ich ihn laufen. Es war eher ein Schwanken. Ein tiefes Mitgefühl machte sich in mir breit. Ich wusste nicht, wie ich es erklären sollte, doch eine innere Stimme sagte zu mir: „Halt' an, nimm dir ein paar Minuten und sage ihm, wie wertvoll er ist." Während ich ihm langsam entgegenfuhr, hörte ich eine zweite Stimme in mir: „Ach was! Geh' nach Hause zu Frau und Kind. Du hattest einen langen Tag und kannst nicht die ganze Welt retten. Du kannst ihm auch noch in den nächsten Tagen sagen, wie wertvoll er ist."

Wie oft haben wir in unserem Leben diese beiden Stimmen vernommen? Wie oft haben wir der trügerischen zweiten Stimme vertraut? Wie oft wurden wir getäuscht oder haben andere dadurch enttäuscht?

Ich Depp, ich Riesendepp, habe der zweiten Stimme vertraut. Die hörte sich ja ziemlich vernünftig an. Bei genauerer Betrachtung wurde meine Faulheit und Bequemlichkeit angesprochen. Wie bei Menschen, die abnehmen oder mit dem Rauchen aufhören wollen, immer wieder morgen, morgen. Aber es gibt kein morgen, wir leben immer im Hier und Jetzt.

Ich fuhr also nach Hause.

Zwei Tage später führte mein Weg an der Pension vorbei. Dort stand ein Notarztwagen. Ich stürmte aus dem Auto und in die Pension. Ich war voller Sorgen wegen meines Vaters, denn der lebte ja auch dort. Ja, wer liebt, sorgt sich. Die Liebe zu meinem Vater trieb mich, mein Herz pochte. Die Haushälterin kam mir entgegen. Ich fragte: „Was ist mit meinem Vater?" Doch es war nicht mein Vater. Es war mein Freund, den ich zwei Tage zuvor sah und bei dem ich aus Bequemlichkeit nicht angehalten hatte. Er hatte so hohen Blutdruck, dass in seinem Gehirn etwas geplatzt war. Kurze Zeit darauf starb er, einfach so, ohne dass ich ihm noch hätte sagen können, dass er „wertvoll" ist.

Darum bitte ich dich jetzt und hier: Mach heute noch, was du zu tun hast, morgen kann es zu spät sein. Du willst mit einem Menschen Frieden schaffen? Mach es jetzt! Du willst abnehmen? Mach es jetzt! Aufhören zu rauchen? Mach es jetzt! Oder du wirst es nie tun oder nicht mehr die Gelegenheit dazu haben.

Die Angehörigen meines Freundes baten mich, ein paar Zeilen auf der Beerdigung vorzulesen.

Ich hätte ihm lieber zu Lebzeiten etwas Gutes mitgegeben, als auf seiner Beerdigung Gutes über ihn zu sagen.

Gott sehnt sich nach unserer Liebe. Er sehnt sich danach, dass wir in seinem Namen Gutes tun. Er, der Vater aller Väter, wünscht sich das Beste für seine Söhne und Töchter. Wir dürfen die Liebe des Vaters annehmen. Das ist unser freier Wille. Wir dürfen selbst entscheiden: annehmen oder ablehnen. Wir dürfen ohne Gott gehen. Aber bitte beklagen wir uns dann nicht, wenn im Leben Trost, Hilfe und Hoffnung fehlen und vieles nicht so läuft, wie es unsere Sehnsucht verlangt. Denn da, wo wir Gott nicht mehr haben wollen, beginnt die Hölle.

Wir dürfen unseren Weg selbst wählen, aber gehen müssen wir ihn selbst. Die Gewissheit aber, dass der König der Könige, der Herr der Herren immer bei uns ist, das erst macht unser Leben unendlich reich.

Wir sind niemals allein.

Je näher wir am Vaterherz Gottes sind, desto mehr hören wir seine Stimme. In Jesus kam Gottes Wort in diese Welt. Auf diese Stimme sollten wir hören, denn sie meint es gut mit uns, sie will unser Bestes. Wer Jesus hört, hört Gott selbst.

Im Anfang war das Wort, und das Wort war bei Gott, und das Wort war Gott. Im Anfang war es bei Gott. Alles ist durch das Wort geworden, und ohne das Wort wurde nichts, was geworden ist. In ihm war das Leben, und das Leben war das Licht der Menschen. Und das Licht leuchtet in der Finsternis, und die Finsternis hat es nicht erfasst.

Das wahre Licht, das jeden Menschen erleuchtet, kam in die Welt. Er war in der Welt, und die Welt ist durch ihn geworden, aber die Welt erkannte ihn nicht. Er kam in sein Eigentum, aber die Seinen nahmen ihn nicht auf.

Allen aber, die ihn aufnahmen, gab er Macht, Kinder Gottes zu werden, allen, die an seinen Namen glauben, die nicht aus dem Blut, nicht aus dem Willen des Fleisches, nicht aus dem Willen des Mannes, sondern aus Gott geboren sind.

Und das Wort ist Fleisch geworden und hat unter uns gewohnt, und wir haben seine Herrlichkeit gesehen, die Herrlichkeit des einzigen Sohnes vom Vater, voll Gnade und Wahrheit (Johannes 1,1-5.9-14).

Ich habe damals auf das falsche Wort gehört. Der Schmerz bohrte sich tief in mein Herz. Lerne aus meinem Fehler und höre auf die erste Stimme, auf das Wort von Gott selbst. Dieser Stimme kannst du vertrauen, auch wenn man dich oft enttäuscht, verletzt und dir Unrecht getan hat. Lerne die Liebe des Vaters anzunehmen, zu vertrauen und auf seine Stimme zu hören.

Es ist die Stimme, die es gut mit dir meint. Zuhören und entscheiden, welchen Weg du gehst, das musst du selbst.

Ich meine es gut mit dir, obwohl wir uns vielleicht nicht kennen. Ich durfte das Wunder erleben, wie schön es ist, auch in den dunkelsten Stunden Gott zu vertrauen. Dieses wunderbare und tröstende Gefühl möchte ich mit dir teilen. Das ist alles. Egal, was du über mich denkst, wichtig ist, was Gott über mich denkt. Und er will das Beste für dich und mich.

Es ist nicht immer leicht, von und über Gott zu reden. Vor allem nicht in einer Zeit, in der man Gott immer mehr aus dem Leben verbannt, in der man schief angesehen wird, wenn man von Jesus oder Gott spricht. Gewiss ist das nicht immer leicht, aber es ist mit Sicherheit das Schönste, Wertvollste und Beste, was es gibt.

Gott spricht: *„Ich lasse dich nicht fallen und verlasse dich nicht"* (Josua 1,5).

Dieser Stimme kannst du vertrauen. Sie ist von dem, der dich grenzenlos liebt. Von dem, der in seiner grenzenlosen Liebe zu dir sagt: „Ich bin dein Vater."

Jesus spricht: *„Alle sollen eins sein. Wie du, Vater, in mir bist und ich in dir bin, sollen auch sie in uns sein. Damit die Welt glaubt, dass du mich gesandt hast.*

Und ich habe ihnen die Herrlichkeit gegeben, die du mir gegeben hast. Denn sie sollen eins sein, wie wir eins sind. Ich in ihnen und du in mir, so sollen sie vollendet sein in der Einheit, damit die Welt erkennt, dass du mich gesandt hast und sie liebst, wie du mich liebst" (Johannes 17,21-23).

5 „STAHL" in guten Händen

Dies ist die Geschichte eines Mannes, der Fehler gemacht hat. Die Geschichte eines Vaters, der beinahe das Liebste verloren hätte, was ein Vater hat, sein Kind. Dies ist meine Geschichte und die meines geliebten Sohnes Manuel.

Es gibt zwei Arten von Fehlern, die Eltern oft machen: Man gibt alles Negative weiter, das man bekommen hat, oder die Eltern sind darauf bedacht, auf keinen Fall dieselben Fehler mit ihren Kindern zu machen, die man ihnen angetan hat. Dafür macht man dann aber neue Fehler.

Doch in den Momenten unseres Lebens, in denen wir vielleicht spüren, dass wir etwas ändern müssen, da sollten wir es auch tun. Dies kann durch einen gut gemeinten Rat eines Freundes oder eines Familienmitgliedes geschehen. Oder durch das Lesen eines Buches oder sogar des „Buches aller Bücher". Oder auch beim Lesen dieses kleinen Buches.

Ich gehörte zu der Sorte Väter, die nicht dieselben Fehler machen wollten wie die eigenen Väter. Dafür machte ich andere. Mein Sohn sollte nicht ausgelacht werden, weil sein Vater arm oder nicht berufstätig war. Dafür gab ich alles. Neben meinem damaligen Berufsleben gründete ich eine Sportschule und einen

Sicherheitsdienst. Tag und Nacht arbeitete ich dafür. Mir fehlte der Schlaf. Arbeit bis zur totalen Erschöpfung, das war der Preis für ein „besseres" Leben. 15 Jahre lang war ich als Personenschützer tätig und somit 15 Jahre Gewalt und kurzen Nächten ausgesetzt. Statt mit meinem Sohn Abenteuer zu erleben, war ich mit vielen Weltstars „on Tour". Ich dachte, das sei etwas Besonderes. Doch besonders wäre etwas ganz anderes gewesen, nämlich das Einfache und doch so Wertvolle.

Das Baumhaus habe ich leider nie gebaut. Den Drachen ließen wir auch nicht steigen. Wir erklommen auch keine Felsen und Bäume und saßen nie am Lagerfeuer.

Dafür gab es Autogramme von Stars. Ich dachte: Hat mein Sohn ein Glück! Doch dem war nicht so. Er hätte Zeit mit seinem ganz persönlichen Star gebraucht. Mit seinem Vater. Väter sind die ersten Helden ihrer Söhne. Gemeinsame Zeit hatten wir kaum. Die Ehe zwischen seiner Mutter und mir zerbrach.

„*Wer sucht, der findet.*" Ich hatte sicher auch nach zwei oder drei Gründen gesucht, die uns darin bestätigten, dass wir die Ehe nicht mehr brauchten.

Es hätte wohl tausend Gründe gegeben, den Weg weiterzugehen. Doch die Frage ist stets: Wonach suchen wir? Wonach suchst du? Willst du dein Leben wirklich ändern? Du wirst tausend Gründe finden, dies zu tun. Oder willst du faul und bequem bleiben? Du wirst sicherlich auch hierfür Gründe finden, dies zu tun. Die Frage aller Fragen ist: Wonach suchst du? Wem kannst du vertrauen?

Vertraust du dir selbst überhaupt? Wenn man dir oft wehgetan und dich enttäuscht hat, wirst du immer wieder misstrauen. Was hast du für Ziele und Träume?

Mein Kindheitstraum:
Personenschutz für Muhammad Ali

Mein Traum von einer glücklichen Familie zerplatzte. Der Traum, ein guter Vater zu sein, ebenso.

Ich wurde zum „Wochenendvater". Alle zwei Wochen gingen wir mal ins Kino. Selbst hier versagte ich. Durch die viele Arbeit nutzte ich die Zeit im Kino und schlief nicht gerade selten ein. Immer noch erlag ich dem Irrtum, das meiste richtig zu machen. Mein Sohn wollte indes immer weniger mit mir zu tun haben.

Es kam die Zeit, in der ich ihn ca. zwanzigmal fragen musste, ob er mal mit mir weggeht, damit er auch wirklich mitkam.

Manuel war nun 12 Jahre alt, gerade am Anfang seiner Pubertät. Ich nenne diese Zeit den Irrgarten aller Jugendlichen. Hier bahnt sich der Weg zum Mann bzw. zur Frau.

In diesem Irrgarten brauchen unsere Kids starke und liebevolle Eltern, die Wegweiser und Weggefährten sind. Ich war kaum noch beteiligt an Manuels Weg. Immer wieder kam es zu kleineren Konflikten. Weniger mit ihm selbst, als mit seiner Mutter. Nein, ich habe nicht geschrien, aber häufig Vorwürfe gemacht. Vieles wusste ich besser, wohl um von meinen Schwächen und Fehlern abzulenken. Wenn Manuel leichtes Übergewicht bekam, kreidete ich das meiner Frau an. Wenn seine Manieren nicht so waren, wie ich mir das vorstellte, gab ich meinem Unmut freien Lauf.

Eines Tages sah ich Narben auf dem Arm meines Sohnes. Ich kannte diese Narben. Ich hatte sie schon oft gesehen. Es waren Narben, die vom „Ritzen" verursacht werden. Ich fragte meinen Sohn, woher diese Narben kämen. Ich war sehr dankbar, angelogen zu werden. Man kann durchaus froh sein, die Wahrheit nicht zu kennen, weil man sich ihr sonst stellen und sich verantworten muss. Außerdem müsste man dann vielleicht mit Schuld leben. Ich gehörte in jenem Augenblick tatsächlich zu der Sorte Väter, die froh waren, von ihrem eigenen Sohn angelogen zu werden. Mückenstiche, die er aufgekratzt habe, gab er zur Antwort. Irgendwie war ich dankbar für diese Lüge. Ich verdrängte alles. Es durfte nicht sein, dass sich mein Sohn so etwas antut. Ich wollte es jedenfalls nicht wahrhaben. Tausenden von Kids sah ich es an, wenn in ihrem Leben etwas nicht in Ordnung war. Und bei meinem eigenen Kind konnte ich das nicht sehen?

Mein Sohn wurde mir zunehmend fremder. Eigentlich war ja ich der Fremde. Ich ging immer wieder fort und ließ mich nur alle paar Tage blicken. Es muss schrecklich für ein Kind sein, wenn ein Elternteil dauernd weg ist.

Wenn ich ihn von der Schule abholte, überschüttete er mich mit Ablehnung. Es war eine schreckliche Zeit. An jedem Feierabend starrte ich auf mein Handy, ob vielleicht eine Nachricht von ihm käme. Aber Fehlanzeige! Ich wartete vergebens, wie er wohl auch. Wie oft hatte er sich nach mir gesehnt und ich war nicht da gewesen?

Bis eines Tages der große und schreckliche Tag kam. Ich war gerade beruflich unterwegs, als mich das Handy aus meinem Alltag riss. Eine mir unbekannte Frau sagte, sie habe im Internet gelesen, dass mein Sohn nicht mehr leben wollte.

Ein Albtraum begann! Ich war wie benebelt. Sofort rief ich bei Manuels Mutter an. Geschockt nahm sie meine Nachricht zur Kenntnis. Manuel war nicht zu Hause. Ich erreichte ihn allerdings auf seinem Handy. Er war sehr verwundert darüber, dass ich das wusste. Er war unter Schock. Was an diesem Tag noch alles geschah, ist weniger von Bedeutung als das, was am Tag darauf passierte. Um 9.30 Uhr rief mich Manuels Mutter an und teilte mir verzweifelt mit, dass unser Sohn in der Schule zusammengebrochen und nun mit dem Notarzt auf dem Weg ins Krankenhaus sei.

Ich reagierte ohne jedes Bewusstsein. Ich wusste nicht, was mit meinem Sohn los war. Ich stürmte aus dem Haus und machte mich auf, die zehn Kilometer ins Krankenhaus zu fahren. Gebete flossen über meine Lippen. Auch hier frage ich mich wieder: Zu wem schreit ein Mensch in solch' dunkler Stunde, wenn er nicht auf Gott vertraut? Ich betete: „Gott, himmlischer Vater! Bitte nimm mir die Angst und die Sorge um meinen Sohn! Ich halte das nicht aus! Ich kann nicht in die Notaufnahme gehen und nicht wissen, was mich erwartet."

Keine zehn Sekunden, nachdem ich angekommen war, traf der Notarztwagen ein, der Manuel in die Klinik gefahren hatte. Ich gab Lichthupe und der Fahrer, den ich kannte, hielt an. Seine ersten Worte waren: „Ich weiß, dass es dein Sohn ist, aber sorge dich nicht; es ist soweit alles o.k." Unglaublich! Unbeschreiblich! Wenige Sekunden vorher schrie ich zum Himmel und bat um Hilfe und Antwort, und da war sie! Ich stürmte in die Notaufnahme. Da lag er, mein geliebter Sohn. Er zitterte am ganzen Leib. Ich wollte ihn in den Arm nehmen, doch er drückte mich weg. Das traf mich wie ein tiefer Schlag in mein Vaterherz. Die Ärztin betrat den Raum und erklärte mir, dass es Manuel soweit gut gehe. Allerdings ... Ich unterbrach sie: „Sie brauchen nicht weiterzureden. Ich weiß, was ihm fehlt."

Da lag die Quittung meines größten Fehlers. Ich erntete, was ich gesät hatte. Ich war meiner Verantwortung als Vater nicht nachgekommen.

Mit zahlreichen Stars war ich „on Tour". Ich hätte meinen Sohn auf Tournee mitnehmen sollen. Durch die Wälder jagen, am Lagerfeuer sitzen, Felsen erklimmen, über Mädchen reden ... Ich war der wichtigste Mensch im Leben meines Sohnes und war mir dessen nicht bewusst. Ich bat die Ärztin, für uns einen Termin in der Jugendpsychiatrie zu vereinbaren. Ihre Antwort verpasste mir einen Schlag: „Wissen Sie nicht, dass in Deutschland Kinder- und Jugendpsychiatrien über viele Monate ausgebucht sind?" Unfassbar! Was ist nur geschehen? Doch ich hatte die Antwort ja selbst erlebt. Dieselben Fehler machen wohl auch Millionen andere auf dieser Welt.

Fassungslos und ahnungslos, wie es weitergehen sollte, stand ich da. Da lag mein Sohn wie ein Häufchen Elend. Er lehnte mich ab und ich hatte keinen Plan, wie ich die nächsten Schritte gehen sollte. Ich habe in meinem Leben so viele gefährliche Angriffe abgewehrt. So oft musste ich binnen Sekunden entscheiden, wie ich das Leben anderer und mein eigenes schützen sollte. Nun aber stand ich da und war völlig ratlos! Zwischenzeitlich kam Manuels Mutter. Die beiden nahmen sich in den Arm und ich stand wie ein Außenseiter daneben. Immer mehr Pfeile trafen mein Herz. Wir entschlossen uns, Manuel mit nach Hause zu nehmen.

Mit nach Hause! Mein Sohn hatte ein anderes Zuhause als ich. Hierin lag die eigentliche Ursache der Tragödie. Sein Vater und Held lebte woanders. Väter und Mütter sollten bei ihren Kindern sein. Ich war es nicht. Darin ist die Antwort zu finden. Fragen wie diese: „Wie kann Gott das alles zulassen?" zählen hier nicht. Ich habe falsch gehandelt und viele Fehler gemacht – und nicht Gott.

Wir fuhren mit Manuel in sein Zuhause. Instinktiv ging ich in sein Zimmer. Ich wusste nicht, was ich suchte, aber ich fand es. Man sucht so lange, bis man etwas findet. Wenn uns Menschen nicht passen, suchen wir nach Fehlern, bis wir sie finden. Würden wir nach den wertvollen Dingen schauen, würden wir diese auch finden. Die Frage ist also: Was suchst du?

Ich fand 22 DVDs, CDs und unzählige Spiele über Tod, Terror und sonstigen Müll. Ich sagte ihm deutlich, dass ich den ganzen Mist wegwerfen würde. Da trat er fast bis an meine Nasenspitze an mich heran und schrie los: „Ich hasse dich! Ich hasse dich!" Und immer wieder: „Ich hasse dich!"

Manchmal frage ich mich, was schlimmer ist, dieses entsetzliche Schweigen oder wenn man zu hören kriegt, dass man gehasst wird. Er war außer sich und ich war fassungslos. Er rannte in sein Zimmer und schloss es ab. Da stand ich schon wieder ratlos da. Seine Mutter, meine Exfrau, kam zu mir und meinte: „Bitte geh', er will nichts mehr mit dir zu tun haben."

Da ging ich. Wortlos und gebrochen verließ ich Manuels Wohnung und sein Zuhause, das nicht mehr meines war. Ich fuhr zu meiner Wohnung. Ich bin zum zweiten Mal verheiratet. Meine Frau war nicht da. Zwei Tage hatte ich nichts gegessen. Ich machte mir eine Kleinigkeit und hielt vor dem Essen inne. Ich pflege vor dem Essen zu beten. Heute sterben auf der Welt Tausende von Menschen an Hunger und ich werde so reich beschenkt. Falls die Frage kommt, warum Gott das zulässt, möchte ich Folgendes erwähnen: Wir Deutschen werfen jedes Jahr ca. 500000 Tonnen Brot weg, insgesamt 20 Mio. Tonnen Lebensmittel. Und ich könnte noch ein paar andere Argumente vorbringen, die mich fragen lassen: Warum lässt der Mensch das zu?

Ja, ich bete vor dem Essen. Ich bin viel auf Reisen und erlebe, wie manche sich in einer Kneipe dreckige

Witze erzählen, sich angiften oder über andere hetzen. All diese Menschen fallen nicht weiter auf. Aber ich verhalte mich auffällig, weil ich bete. Verrückte Welt: Chaos, Elend und Gemeinheiten respektieren wir, aber Gebet wird belächelt.

Ich erinnere mich noch daran, als am 11.9.2001 die Zwillingstürme in New York einstürzten. Da waren die Kirchen einige Tage lang voll. Tag und Nacht wurde gebetet. Eine Woche später waren die Kirchen wieder leer. Als in Japan im Jahr 2011 das schwere Erdbeben war und die Welt von einem atomaren Supergau bedroht wurde, gab es sogar Sondergottesdienste im Fernsehen. Wir benutzen Gott für unsere Zwecke, wie wir es gerade für notwendig halten. Für Taufen, Hochzeiten, Beerdigungen und für dunkle Stunden. Da kommt uns dieser Gott gerade recht. Aber wir brauchen keinen Gott für das tägliche Leben, der uns sogar sagt, wie wir zu leben haben. Nein, das wollen wir nicht. Wir haben uns einen Götzen geschaffen, den wir dann rauskramen, wenn wir ihn brauchen, der aber in keinster Weise Anteil an unserem Leben haben soll oder sagen darf, wie wir zu leben haben. Gott lässt das so zu und lässt uns laufen, denn er gab uns den freien Willen. Der freie Wille ist der Grundstein seiner Liebe.

Wir dürfen ohne Gott gehen, ja, das dürfen wir. Doch ich möchte nochmals betonen, vor allem aus eigener Erfahrung: Da, wo wir ohne Gottes Liebe gehen, fängt die Hölle an.

Immer weniger Menschen vertrauen diesem liebevollen Vater, der es so gut mit uns meint. Viele vertrauen sich selbst, dem Horoskop, der Esoterik oder auf vieles andere. Aber nicht auf den, der uns so unbeschreiblich liebt und den wir mit VATER anreden dürfen. Wie kann man dieses Geschenk nur ablehnen? Immer wieder frage ich mich das. Wie oft habe ich Gottes Hand, seine Wege und seine Liebe spüren dürfen und dennoch nicht dazugelernt. Wie bei der Erziehung meines Sohnes. In Jesus kam die Liebe des Vaters in die Welt. Ich habe nur so selten darauf geachtet und mein Leben danach ausgerichtet.

Da saß ich nun zerbrochen vor einem Teller Maultaschen und betete. Der Vater sollte es mal wieder richten. Kennst du den alten Schlager von Peter Alexander? „Der Papa wird's schon richten, der Papa macht's schon gut, der Papa, der macht alles, was sonst keiner gern' tut."

Wie wahr sind diese Zeilen. So sollten Väter sein. Wohin gehen unsere Kinder, wenn solche Väter nicht mehr da sind? Sie werden sich einen Ersatz suchen und aus eigener Kraft leben. Nicht selten brennen sie dabei aus oder verstricken sich in Süchten. Wie sollen sie den Vater aller Väter kennen, wenn die irdischen Väter nicht mehr da sind?

Ja, der Papa macht's schon gut. Ich habe das unzählige Male in meinem Leben erlebt. Ich schreibe dieses Buch, damit du das auch erlebst, dieses Wunder und diesen Schatz.

Mein Gebet begann mit „Papa". Als Jesus im Garten Gethsemane betete und vor Angst Blut schwitzte, fing er sein Gebet mit „Abba" an, das bedeutet „Papa".

Ich machte etwas, das ich gerne mit dir teilen möchte. Ich war so verzweifelt, dass ich den Stuhl neben mir hervorzog und zu Gott sagte: „Papa, setz' dich bitte mal her zu mir. Ich muss mal mit dir reden." Das hört sich total verrückt an. Ein erwachsener Mann bittet Gott, auf einem Stuhl Platz zu nehmen. Doch meine Verzweiflung war auf einem Tiefpunkt angekommen. Ich wusste nicht, wie es weitergehen sollte, und hatte keine Ahnung, was kommen würde. Ich sah eine lange und schwere Odyssee von Arztbesuchen, Therapien, Konfrontationen vor mir und wusste nicht, ob Manuel seine Androhung, nicht mehr leben zu wollen, eines Tages wahr machen würde. Das zerriss mir fast das Herz.

Ja, ich zog einen Stuhl hervor und bat Gott, sich neben mich zu setzen. Stühle haben eine besondere Bedeutung für mich. Als Kind hatte ich kein eigenes Zimmer, also auch keinen eigenen Stuhl. Mit 18 Jahren lebte ich einige Wochen auf der Straße und bei Freunden. Da hatte ich auch keinen eigenen Stuhl. Manchmal laufe ich heute noch durch meine Wohnung und halte mich an einem Stuhl fest: „Ich danke dir, Vater, dass du mir Stühle geschenkt hast."

Ich zog also den Stuhl hervor mit der Bitte an Gott, sich zu mir zu setzen. Was jetzt passierte und was ich fühlte, lässt sich nicht wirklich beschreiben. Alle Worte, die ich jetzt wähle, können das nicht wiedergeben.

Ich spürte, Gott war da!

Selbst jetzt beim Schreiben bin ich ergriffen und durchlebe jenen Moment noch einmal.

Ich kniete mich auf den Boden und legte meinen Kopf auf die Sitzfläche des Stuhls, auf dem Gott saß. Ich fühlte mich, als sei ich im Schoß Gottes. Bis dahin war es der schlimmste Tag in meinem Leben gewesen, aber in jenem Augenblick hätte es nicht schöner sein können. Ich fühlte mich restlos geborgen. Ich weinte wie nie zuvor in meinem Leben und sprach zum Vater: „All die Jahre konnte ich mit deiner Hilfe vielen Kindern und Jugendlichen helfen, und nun kann ich nicht mal meinem eigenen Kind helfen. Ich habe versagt und lege alles in deine Hände. Bitte hilf mir! Ich weiß nicht mehr weiter! Verzeih mir, dass ich so oft ohne dich gegangen bin und oft nicht auf dich gehört habe. Ich brauche dich jetzt!"

Ich weinte und Tränen flossen auf den Stuhl. Ich fühlte, dass ich nicht allein war. Gott, mein Vater und Papa, war da. Er klagte mich nicht an, sondern tröstete mich.

Jesus hat einmal gesagt: „Alles, was ihr im Gebet bittet, glaubt nur daran, so wird es auch werden" (Markus 11,24).

Nachdem ich Gott all meine Sorgen anvertraut hatte – er kannte sie ja schon vorher, aber Väter lieben es, wenn ihre Kinder ihnen vertrauen, mit ihnen reden und ihnen ihr Herz ausschütten – und während ich weinte und um Hilfe bat, spürte ich in meinem Herzen folgende Antwort:

„Gehe zu deinem Sohn. Ich gehe mit."

Bin ich verrückt geworden? Warum sollte ich das Risiko eingehen, wegen einer Lüge für verrückt erklärt zu werden? Wenn Menschen mit Gott reden, nennt man das Gebet. Aber wenn Gott mit uns redet, nennt man das wohl eher eine psychische Erkrankung.

Ich werde dir im Anschluss an diese Geschichte erklären, warum manche Menschen Gott hören und manche nicht.

Es war ein unfassbares Gefühl, im Herzen zu spüren, dass Gott mitgeht. Ich ging nicht allein. Ich fuhr zu meinem Sohn und der Vater aller Väter versprach: „Ich gehe mit."

Ich stelle mir vor, wie schön es für einen Jungen sein muss, wenn sein Vater sagt: „Ich gehe mit zum Angeln, zum Klettern oder zum Baumhausbauen." Da werden Sehnsüchte gestillt, da ist Freude, da ist ein wertvolles Gefühl. Vater und Sohn, das ist einfach toll, und so muss es sein.

So fuhr ich die paar Kilometer zu meinem Sohn. Ich war voller Anspannung und aufgeregt ohne Ende. Aber ich fühlte mich stark und sicher. Auch diesen Zustand kann ich kaum beschreiben.

Ich klingelte an der Haustür. Seine Mutter machte auf. Jesus hat einmal gesagt: *„Die Liebe wird in den Menschen erkalten."* Ja, hier war es kalt, sehr kalt. Ich fragte meine Exfrau: „Glaubst du an Gott?" Ich kannte ihre Meinung, doch meine Frage war so ernst wie noch nie.

Genervt gab sie mir zur Antwort: „Du immer mit deinem Gott, na klar glaube ich an Gott. Ich zahle Kirchensteuer, bin getauft und an Weihnachten gehe ich zur Kirche. Das reicht doch wohl!" Ich sagte: „Manuela, das wollte ich nicht wissen. Meine Frage war: Liebst du Gott von ganzem Herzen? Betet ihr beim Essen, weil heute Tausende an Hunger sterben? Dankst du für jeden neuen Tag? Bittest du Gott, unseren Sohn zu beschützen? Legst du die Nacht in Gottes Hände, wenn der Tag zu Ende geht?"

Da wurde sie sehr traurig und meinte, dass sie nicht so glauben, nicht so lieben und nicht so vertrauen könnte.

Da spürte ich, wie mich Gott anstupste und mein Herz abermals berührt wurde. All die Jahre hatte ich ihr Vorwürfe gemacht, sie solle dies oder jenes tun und dies oder das sei nicht gut. Dabei wären das alles meine Aufgaben gewesen, die mir Gott anvertraut hatte und die ich nicht erfüllt habe.

Ich schaute sie an: „Manuela, ich habe so viel falsch gemacht. Ich möchte mich bei dir entschuldigen. Bitte vergib mir!"

Damit hatte sie nicht gerechnet. Ich selbst auch nicht. Aber so war es, ich hatte so viele Dinge versäumt und falsch gemacht und immer alles auf sie geschoben.

Mit großen Augen schaute sie mich an. Manuel kam derweil aus seinem Zimmer heraus und schaute zu, was passierte. Manuela weinte: „Nein, vergib du mir bitte!"

Es war wie damals bei meinem Vater, den ich mein ganzes Leben lang ändern wollte. Doch erst als ich mich geändert hatte, wurde er ein neuer Mensch. Hier erkannte ich auch wieder meine Fehler, bat um Verzeihung und das Wunder nahm seinen Lauf. Manuela nahm mich in ihre Arme und wir weinten minutenlang. Manuels Stimme unterbrach die Stille, in der nur Seufzen und Weinen zu hören war. Auch er weinte nun: „Mama, Papa, ich habe noch nie gesehen, dass ihr so liebevoll miteinander umgeht." Während er das sagte, überwand er den einen Meter zu uns, öffnete seine Arme und umschlang uns.

So standen wir drei nun da und weinten ungefähr zwanzig Minuten Rotz und Wasser. Es war nicht mehr kalt wie bei meiner Ankunft.

Gott gab sich die Ehre und war einfach da. Die Liebe Gottes erfüllte die kleine Wohnung.

Mein Sohn schaute mich an und überraschte mich mit einer Frage: „Du, Papa, ich habe nicht an Gott geglaubt und war völlig leer. Dann hab' ich mich mit dem Teufel beschäftigt. Der hätte mich fast in den Tod getrieben. Wie mache ich das mit Gott?"

Mein Herz hüpfte vor Freude. Noch vor vier Stunden hatte er mich angeschrien: „Ich hasse dich!" Und vor einer Stunde lag ich noch mit meinem Kopf auf dem Esszimmerstuhl. Und nun das!

„Manuel", antwortete ich, „Gott ist ein Gentleman. Wenn man ihn nicht haben will, dann respektiert er das. Aber er kämpft jeden Tag um die Liebe jedes einzelnen Menschen. Aber wer ohne ihn leben will, der kann das tun. Wer mit ihm leben möchte, kann das aber auch. Lade ihn in dein Leben ein und in alles, was du tust. Du wirst jeden Tag die Veränderung spüren. Dein Leben wird völlig neu werden. Schwierigkeiten und Sorgen werden nicht ausbleiben, aber du wirst NIE mehr alleine damit sein."

Ich gab ihm ein Gebet auf einem Zettel. Er verschwand damit in seinem Zimmer. Seine Mutter nahm auch an jenem Tag Gott in ihr Leben auf.

Seitdem erlebten sie viele Wunder, und heute versteht Manuela meine Frage von damals: „Glaubst du an Gott?" Sie versteht, dass es nichts mit Ritualen zu tun hat, sondern dass wir seine Kinder werden und in einer stetigen Beziehung mit ihm leben.

Wie viele ihn aber aufnahmen, denen gab er Macht, Gottes Kinder zu werden, denen, die an seinen Namen glauben, die nicht aus dem Blut noch aus dem Willen des Fleisches noch aus dem Willen eines Mannes, sondern von Gott geboren sind (Johannes 1,12-13).

Seht, welch eine Liebe hat uns der Vater erwiesen, dass wir Gottes Kinder heißen sollen – und wir sind es auch! Darum kennt uns die Welt nicht; denn sie kennt ihn nicht (1. Johannes 3,1).

Falls du auch eine solche Veränderung erleben möchtest, ist hier das Gebet, das Manuel völlig verändert hat. Aber es war nicht nur das Gebet allein, sondern auch das Vertrauen, die Liebe und die Hoffnung, die damit verbunden waren.

Lieber Jesus, leider ist mein Leben nicht so gelaufen, wie DU es für mich erdacht hattest. Ich habe in vielen Dingen Glück, Anerkennung und Zufriedenheit gesucht. Doch nirgendwo fand ich meine Erfüllung. Menschen haben mich enttäuscht und verletzt. Mit DIR will ich einen Neuanfang machen, DIR will ich vertrauen. Ich habe nun erkannt, dass nur DU mir wahren Frieden schenken kannst und dass ich nur durch DICH den Sinn des Lebens erkennen werde. Ich weiß nun, dass ich ein KIND GOTTES bin. Bitte führe mich zu der Aufgabe, die DU für mich bestimmt hast. Ich möchte DIR danken, dass DU für meine Sünden gestorben bist und mich wahrhaftig frei gemacht hast. DU willst mir geben, was kein Mensch mir geben kann. Ich will dieses Geschenk jetzt annehmen mit dem sicheren Gefühl, dass ich für alle Ewigkeit errettet bin, weil ich durch DICH und mit DIR den Sinn des Lebens gefunden habe. Bitte zeige DU mir den Weg und bleibe bei mir alle Tage meines Lebens. Amen.

Das war unglaublich! Ein Wunder! Manuel wurde ein völlig neuer Mensch. Da, wo früher Hass war, war jetzt

Liebe. Wo Verletzungen waren, kam Heilung rein. Sein dunkles Wesen verwandelte sich in ein Lächeln. Die Menschen, die ihn davor kannten, konnten kaum glauben, was sie sahen. Einen neuen Menschen, voller Liebe und Lebenssinn. Ein Mensch, der anderen zu helfen begann.

Wenige Monate später schrieb er sein erstes Buch: „Vom Chaos ins Leben." Ja, er war tatsächlich vom Chaos ins Leben getreten.

Gott, dein Vater und mein Vater, hat mein Flehen gehört. Dazu kam meine Einsicht, und so nahm das Wunder seinen Lauf.

Mein Sohn Manuel und ich

Manuel mit seiner Schwester Laura und mir

Einige Zeit später war Manuel bei uns zu Hause. Wir kochten zusammen und saßen an dem Tisch, an dem ich Monate zuvor auf die Knie gegangen war und Gott verzweifelt mein Leid geklagt hatte. Wie damals gab es auch heute wieder Maultaschen. Die gibt es fast immer, wenn ich koche. Ich wollte gerade anfangen zu beten, als mein Sohn die andächtige Stille unterbrach: „Papa, heute bete ich!"

Mir liefen die Tränen runter. Während ich diese Zeilen am PC in meinem Büro schreibe, scheint die Sonne in mein Gesicht. Ein Gruß vom Himmel, vom Vater selbst, der mein Gesicht und mein Herz angenehm wärmt.

Manuel und ich sind mittlerweile eng zusammengewachsen. Wir unternehmen manche Dinge und halten fest zusammen. Er hat inzwischen noch ein Schwesterchen bekommen und beide lieben sich sehr. Wir machen regelmäßig Ausflüge und verbringen jedes Jahr den Urlaub zusammen. Immer wieder mal begleitet er mich zu Vorträgen, wo wir unsere Geschichte erzählen. Gemeinsam berichten wir dann, was Gott uns Gutes getan hat.

Viele Monate später fuhr ich mit meinem Sohn durch unser kleines Städtchen. Wir sprachen über die vergangenen Monate. Die Augen meines Sohnes glänzten: „Du, Papa, seitdem ich Gott in meinem Herzen habe und Jesus in meinem Leben ist, fühle ich mich wie ein neuer Mensch. Ich fühle mich total wertvoll und sicher in seinen Händen. Das ist ein tolles Gefühl."

Es vergingen ein paar Sekunden nach dieser Lobeshymne auf die Liebe Gottes, als plötzlich ein LKW vor uns auftauchte. Mein Nachname ist bekanntlich „Stahl" und es war immer Manuels Rede gewesen, wie sicher er in den Händen Gottes ist. Und nun sahen wir vor uns auf dem LKW die Aufschrift:

„STAHL" IN GUTEN HÄNDEN

Wir lachten um die Wette. Es war einfach herrlich, wie Gott uns just in jenem Moment beschenkte. Wir haben den besten Vater auf der ganzen Welt, den Vater aller Väter.

Vater und Sohn

6 Die Antwort

Ich bin dir noch die Erklärung schuldig, warum manche Menschen Gott hören können und manche nicht. Dazu möchte ich eine Geschichte aus der Bibel erzählen. Es ist die Geschichte vom verlorenen Sohn. Lies einmal und höre mit ganzem Herzen zu!

Der verlorene Sohn

Ein Mensch hatte zwei Söhne; und der jüngere von ihnen sprach zu dem Vater: Vater, gib mir den Teil des Vermögens, der mir zufällt! Und er teilte ihnen die Habe. Und nach nicht vielen Tagen brachte der jüngere Sohn alles zusammen und reiste weg in ein fernes Land, und dort vergeudete er sein Vermögen, indem er verschwenderisch lebte. Als er aber alles verzehrt hatte, kam eine gewaltige Hungersnot über jenes Land, und er selbst fing an, Mangel zu leiden. Und er ging hin und hängte sich an einen der Bürger jenes Landes, der schickte ihn auf seine Äcker, Schweine zu hüten. Und er begehrte seinen Bauch zu füllen mit den Schoten, die die Schweine fraßen; und niemand gab ihm. Als er aber in sich ging, sprach er: Wie viele Tagelöhner meines Vaters haben Überfluss an Brot, ich aber komme hier um vor Hunger. Ich will mich aufmachen und zu meinem Vater gehen und will zu ihm sagen: Vater, ich habe gesündigt gegen den Himmel und vor dir, ich bin nicht mehr würdig, dein Sohn zu heißen! Mach mich wie einen deiner Tagelöhner! Und er machte sich auf und ging zu seinem Vater.

Als er aber noch fern war, sah ihn sein Vater und wurde innerlich bewegt und lief hin und fiel ihm um seinen Hals und küsste ihn. Der Sohn aber sprach zu ihm: Vater, ich habe gesündigt gegen den Himmel und vor dir, ich bin nicht mehr würdig, dein Sohn zu heißen.

Der Vater aber sprach zu seinen Bediensteten: Bringt schnell das beste Gewand heraus und zieht es ihm an und tut einen Ring an seine Hand und Sandalen an seine Füße; und bringt das gemästete Kalb her und schlachtet es, und lasst uns essen und fröhlich sein! Denn dieser mein Sohn war tot und ist wieder lebendig geworden, war verloren und ist gefunden worden. Und sie fingen an, fröhlich zu sein. Sein älterer Sohn aber war auf dem Feld; und als er kam und sich dem Haus näherte, hörte er Musik und Reigen. Und er rief einen der Sklaven herbei und erkundigte sich, was das sei. Der aber sprach zu ihm: Dein Bruder ist gekommen, und dein Vater hat das gemästete Kalb geschlachtet, weil er ihn gesund wiedererhalten hat. Er aber wurde zornig und wollte nicht hineingehen. Sein Vater aber ging hinaus und redete ihm zu. Er aber antwortete und sprach zu dem Vater: Siehe, so viele Jahre diene ich dir, und niemals habe ich ein Gebot von dir übertreten; und mir hast du niemals ein Böckchen gegeben, dass ich mit meinen Freunden fröhlich gewesen wäre; da

aber dieser dein Sohn gekommen ist, der deine Habe
mit Huren durchgebracht hat, hast du ihm das ge-
mästete Kalb geschlachtet. Er aber sprach zu ihm:
Kind, du bist allezeit bei mir, und alles, was mein ist,
ist dein. Aber jetzt sollten wir fröhlich sein. Denn
dieser dein Bruder war tot und ist wieder lebendig
geworden und verloren und ist gefunden worden
(Lukas 15,11-32 REÜ).

Hast du die Geschichte aufmerksam gelesen? Jesus
selbst hat sie erzählt. Ist dir etwas aufgefallen? Es gab
einen Ort und eine Zeit, als der Sohn den Vater nicht
hören konnte. In der Zeit, in der er weit weg war, hörte er ihn nicht. Da brauchte er ihn auch nicht, denn er
war ja mit vielem beschäftigt. Wie die Welt heute
auch. Man ist dauernd beschäftigt und abgelenkt: Me-
dien, PC-Spiele, Macht, nicht von Gott gewollte Sexua-
lität, Geld, Esoterik, Süchte … Aber wenn wir hinfallen
und in Dunkelheit geraten, erinnern wir uns wieder an
den Vater, zu dem wir immer kommen können und der
unsere Sehnsüchte stillt. Wie damals in den Tagen nach
dem 11. September 2001 oder in unseren eigenen
dunklen Tagen, wenn wir Gott anflehen. Dann kommen Sätze wie: „Wie kann er das zulassen?" Wie oft
bist du oder bin ich den Weg ohne den Vater gegangen? Wie oft wollten wir ihn gar nicht dabeihaben.
Wir sind bewusst ohne ihn gegangen, und wenn alles
schiefLief, dann hatten wir immer sofort einen Schuldi-
gen. Wie kann Gott so etwas zulassen? Dann sehnen
wir uns nach seiner Stimme und danach, dass er uns
hört. Ohne ihn fürchten wir uns und haben Angst vor
Einsamkeit. Oder wir ängstigen uns, verloren zu gehen

oder für immer gehen zu müssen. Wir flehen und bitten um Antwort.

Es gab einen Ort, an dem sich der Sohn dessen bewusst wurde und wo er die Stimme des Vaters nicht mehr hörte: am SCHWEINETROG.

Wenn du Gottes Stimme noch nie gehört hast oder nicht mehr hörst, gebe ich dir einen Rat:

Geh' bitte weg vom Schweinetrog! Geh' deinem Vater mit Reue, aufrichtigem Herzen und Liebe entgegen und rede mit ihm, wie man mit seinem Vater redet.

Wie sehr muss sich Gott freuen, wenn seine Kinder wieder mit ihm reden?

Ich hoffe, dass dieses Büchlein dazu führt. Und wenn es nur eines seiner Kinder ist, dann ist Freude im Himmel. Was für eine Freude für mich, einen Jubelsturm im Himmel auslösen zu dürfen.

Warte aber nicht bis morgen, tue es heute. Du weißt ja, wer erst morgen nach Frieden sucht, lebt heute noch im Krieg. Mach' Frieden mit dir selbst.

7 Vatergeschichten

Beinahe täglich werde ich mit dem vierten Gebot konfrontiert:

Du sollst deinen Vater und deine Mutter ehren, auf dass dir's wohlergehe und du lange lebst auf Erden (2. Mose 20,12 LUT).

Der Umkehrschluss dieses Gebotes könnte bedeuten: Wenn es mir nicht gut geht, könnte der Grund dafür vielleicht sein, dass ich Vater und Mutter nicht ehre? Ich weiß, bei jedem Streit sind die anderen schuld. Doch die anderen lesen dieses Buch nicht, sondern DU. Was kannst DU also heute noch tun? Wie hast DU zu diesem Streit oder diesem Schweigen beigetragen? Es geht nicht um die anderen, sondern um dich. Wann hast du deinen Eltern oder deinen Kindern zuletzt gesagt, dass du sie liebst? Mache es heute noch, bevor der Tag kommt, wo du es nicht mehr kannst.

Die folgenden „Vatergeschichten" handeln von Eltern und Kindern, die nicht mehr miteinander reden oder über die Dinge sprechen konnten, die wertvoll sind. Es sind ganz besonders wertvolle Geschichten. Ich hoffe, dass sich der eine oder andere Leser von den Wundern anstecken lässt oder selber heute noch zu einem besonderen Wunder beiträgt.

Den ersten Schritt tun

Vor einigen Jahren kam ein junger Mann in meine Sportschule. Er war sehr freundlich, gebildet und hatte gute Umgangsformen. Doch während des Trainings fielen mir immer wieder seine Unzufriedenheit und Selbstzweifel auf. Eines Tages fragte ich ihn, wann er seinen Eltern zuletzt gesagt habe, dass er sie liebe. Wie immer bei solchen Fragen ernte ich eine Riesenportion Verwunderung. Er meinte, das sei schon mehr als zehn Jahre her.

Seine Eltern waren geschieden und hatten ihm über viele Jahre hinweg nie gesagt, dass sie ihn liebten. Ich bat ihn nun, den Anfang zu machen, da wahrscheinlich jeder von ihnen – Vater, Mutter und Sohn – auf die Liebeserklärung der anderen gewartet hatte. „Mach' du den ersten Schritt", ermutigte ich ihn. Einen Monat später kam er wieder in meine Ausbildung.

Er war überschwänglich vor Freude. „Ich hab' es getan! Es war einfach fantastisch! Ein Wunder!" Sein ganzes Leben hatte sich mit einer einzigen Liebesgeste zum Guten verändert. Auf der Suche nach seiner Identität und seinen Wurzeln fand er zu Gott und somit Sinn und Zufriedenheit für sein Leben. Doch zuerst hatte er sich ändern müssen. Eine liebevolle Geste gegenüber seinen Eltern hatte ihn glücklich gemacht. So hatte er sich selbst und andere reich beschenkt. Und Gott hat sein Versprechen gehalten: Ehre Vater und Mutter, dann wird es dir gut gehen.

Es ist nicht wichtig, was deine Eltern getan oder nicht getan haben. Wichtig ist, was du tust, und vor allem, was du hier und heute tust. Denke daran: Deine

Herzenshaltung ist wichtig, wenn du den Weg der Versöhnung gehst. Erwarte nicht, dass die anderen so reagieren, wie du es dir wünschst. Alles braucht seine Zeit, und andere Menschen kann man nicht ändern, nur sich selbst. Doch jede Veränderung braucht einen Anfang. Mach' den ersten Schritt – heute noch. Gehe aber nicht allein. Bitte deinen „Papa" mitzugehen.

Liebeserklärung an die Eltern

Zu meinem Bekanntenkreis zählt eine wunderbare Mutter, die sehr hilfsbereit und freundlich ist. Doch immer wieder spürte ich eine gewisse Traurigkeit in ihren Augen. Eines Tages fragte ich sie, wie es ihr gehe. Sie gab mir zur Antwort:

„Passt schon." Ich wusste sofort, was das bedeutete. „Es geht mir nicht gut, aber ich möchte jetzt nicht mit dir darüber reden." Dies teilte ich ihr sofort mit. Dann kam wieder meine Frage, wie es um das Verhältnis zu ihren Eltern stünde und wann sie ihnen zuletzt gesagt habe, dass sie sie liebt. Sie wurde sehr traurig und meinte, dass das viele Jahre her sei. Ich forderte sie auf, es ihnen an jenem Tag noch zu sagen. Unser Gespräch dauerte etwa zwei Stunden und es war bereits 22.30 Uhr. In derselben Nacht noch fuhr sie zu ihren Eltern und machte ihnen zu ihrer großen Verwunderung diese wunderbare Liebeserklärung. Immer wenn wir mal wieder über diese Geschichte sprechen, sagt sie: „Ich zehre heute noch von jenem Ereignis und jenem Moment, als ich meine Eltern in den Armen hielt und ihnen unter Tränen meine Liebe gestand."

Ein richtiger Mann werden

Eines Tages waren wir zu Gast an einer Hauptschule. Der Rektor erzählte resigniert, dass er einen 17-jährigen Jungen in seiner Schule hatte, der sehr aufsässig und gewalttätig war. Immer wieder bedrohte der Jugendliche seine Mitschüler. Was der an der Schule sagte, wurde Gesetz. Er hatte keine wahren Freunde, nur ein paar Jungs an der Seite, die nicht in seine Schusslinie geraten wollten. Der Rektor zitierte einmal seinen Vater ins Rektorat. Im Beisein seines Sohnes musste sich dieser anhören, welche Taten sein Sohn in den letzten Monaten begangen hatte, dass jetzt ‚Schluss mit lustig' sei und er bei der nächsten Tat von der Schule fliegen würde. Der Vater hatte zunächst den Worten des Rektors zugehört. Nach dieser „Bestandsaufnahme" fing der Vater an, seinen Sohn vor dem Rektor anzubrüllen. Parallel dazu griff er in die Tasche, zog einen Fünf-Euro-Schein heraus und warf ihn vor seinen Sohn: „Du bist eine Schande für mich und unsere Familie! Hier! Kauf dir einen Strick und häng dich auf!" Der Rektor war zutiefst schockiert. Was sollte von dem Sohn eines solchen Vaters schon kommen? Woher sollte der Junge wissen, dass ein wahrer Mann für das Gute kämpft? Wie würde er je seine Sehnsüchte stillen? So weit die Erzählungen des Rektors.

Kurz darauf hielt ich einen Vortrag vor der ganzen Schule. Nach einigen Zwischenkommentaren und unruhigem Verhalten hörte jener junge Mann aufmerksam zu. Er hörte mit dem Herzen zu und hing schon bald an meinen Lippen. Dann ging ich plötzlich unvermittelt auf ihn zu. Mir musste keiner sagen, wer der junge Mann war. Ich konnte es spüren. Ich fragte ihn vor allen:

„Willst du ein richtiger Mann werden? Einer, der nicht andere quält oder mit Angst spielen muss? Einer, zu dem man aufschaut und vor dem man sich nicht fürchtet, sondern sich freut, wenn man ihn sieht? Willst du das werden?" Die ganze Schule lauschte gebannt. Es herrschte eine unbeschreibliche Stille. Jeder spürte, dass hier gerade etwas Besonderes vor sich ging. Mit großen Augen schaute er mich an: „Ja, ich will ein richtiger Mann werden. Was soll ich tun?" Ich antwortete ihm: „Wenn du ein richtiger Mann werden willst, dann geh' zu all denen, die du jahrelang gequält hast, und entschuldige dich! Das wäre der erste große Schritt, ein richtiger Mann zu werden. Willst du das? Jetzt?" Stille, nichts als Stille in der gesamten Halle. Ein „Ja" durchbrach das Schweigen. Zögerlich lief er durch die Reihen und gab einem nach dem anderen die Hand. Hier ein „sorry", da ein „Entschuldigung". Und während er so durch die Reihen lief, betrat der Rektor die Halle. Er konnte kaum glauben, was er sah, und verfolgte das Geschehen. „Was geschieht hier gerade?", fragte er. „Jahrelang bemühen wir uns nun schon und nicht ein einziges Mal kam ein Wort der Reue aus ihm raus, nicht ein Mal, und nun läuft der demütig durch die Reihen und entschuldigt sich. Das ist ja ein Wunder!"

Ja, das war es auch: ein Wunder. Wer den himmlischen Vater kennt, mit ihm lebt, ihn um Rat fragt und ihn überall mitnimmt, wohin er auch geht, der ist niemals allein. Da, wo Gott ist, sind Wunder eine Normalität.

Wunder sind etwas ganz Alltägliches. Dass man zum Beispiel nach langer Zeit wieder miteinander redet, kann ein Wunder sein. Wenn ein Klassenkamerad oder ein Arbeitskollege wieder wertvoll behandelt wird, kann das ein Wunder für den Betreffenden sein. So gibt es jeden Tag trotz all der Not und Dunkelheit unendlich viele Wunder auf der Erde. Gott lebt in dir, und mit ihm hast du die Kraft, Wunder auf dieser Welt zu tun.

Fang heute noch damit an. Die Welt braucht gerade jetzt ein Wunder. Und zwar die Welt um dich herum, dein Nächster, deine Familie, deine Klassenkameraden, deine Studien- oder Arbeitskollegen.

Du sehnst dich nach einem Wunder? Sei selbst ein Wunder!

Gemeinsam für das Gute
Meine Freunde und Boxchampion A. Dimitrenko

Verpasste Chancen

Während eines Vortrags im Rahmen eines Männerfrühstücks, bei dem es um Vaterliebe ging, sprach ich gezielt zwei bestimmte Männer an. Es waren über 30 Männer anwesend, doch ich ging bewusst auf diese beiden zu. Ich hatte irgendwie gespürt, dass es auf diese zwei ankam. Ich sagte ihnen, wie wertvoll und lebensnotwendig es sei, die eigenen Eltern zu lieben und zu ehren und ihnen immer wieder zu sagen, dass man sie liebt. Beide brachen in Tränen aus. Selten habe ich Männer gesehen, die so sehr weinten, und das auch noch vor anderen Männern. Das berührte mich sehr. Ich bat die beiden, nach meinem Vortrag zu mir zu kommen. Das taten sie auch.

Mit verweinten Augen schauten sie mich an und fragten, warum ich genau sie angesprochen hätte. Ich konnte es ihnen nicht erklären, ich hatte es eben so gefühlt. Da begann der jüngere von ihnen zu erzählen. Er war 23 Jahre alt. „Mein Vater und ich haben uns ständig gestritten. Nie habe ich ihm gesagt, dass ich ihn liebe, nicht einmal. Auf einmal starb er, einfach so, von jetzt auf gleich. Ich hätte noch so viel mit ihm zu klären gehabt. Ich wollte ihm eigentlich noch so viele Dinge sagen. Auch hätte ich bei vielen Fragen noch seine Antwort gebraucht. Aber ich kam nicht mehr dazu, ihm das Wichtigste zu sagen, nämlich dass ich ihn lieb habe. Er ist vor fünf Jahren gestorben. Seitdem bereue ich jeden einzelnen Tag, an dem ich es ihm nicht gesagt habe."

Wir können das, was man uns angetan hat, und das, was wir falsch gemacht haben, oder auch das, was wir unterlassen haben, keineswegs alleine tragen. Da gibt es einen, der schon alles getragen hat. Ihm dürfen wir alles hinlegen. Er hat schon für alles bezahlt.

> Jesus spricht: *„Kommt her zu mir, alle, die ihr mühselig und beladen seid; ich will euch erquicken"* (Matthäus 11,28 LUT).

Nachdem der junge Mann seine Geschichte erzählt hatte, kam der andere an die Reihe. Er war 32 Jahre alt und erzählte mir ebenfalls seine Vatergeschichte. „Ich bin schon seit einigen Jahren Christ und habe die meiste Zeit auch ein gutes Verhältnis zu meinem Vater gehabt. Aber nie habe ich es über die Lippen gebracht, ihm zu sagen, wie sehr ich ihn liebe. Eines Tages kam ich mit meiner Familie aus dem Urlaub zurück. Es war ausgemacht, dass mein Vater uns vom Flughafen abholt. Doch er war nicht da. Stattdessen waren meine Schwiegereltern da. Ihr Gesichtsausdruck versprach nichts Gutes. Sie baten uns, erst nach Hause zu fahren, um dann mit uns zu reden. Im Auto herrschte eine schreckliche Stille. Zuhause angekommen, stellte sich mein Schwiegervater hinter mich. Dann sagte meine Schwiegermutter, dass meine Eltern vor zwei Tagen mit dem Auto verunglückt und gestorben waren. Ich verlor die Fassung. Mir wurde der Boden unter den Füßen weggerissen. Mein Schwiegervater fing mich auf. Meine Eltern wussten beide, wie sehr ich sie liebte. Leider habe ich es nie ausgesprochen. Und nun kann ich es nicht mehr nachholen. Aber ich kann das, was mich beschäftigt und mir das Leben schwer macht, an Gott, meinen Vater abgeben."

Der doppelte Regenbogen

Zusammen mit ein paar Freunden fuhr ich zu einer Open-Air-Veranstaltung, bei der ich als Sprecher eingeladen war. Es war eine christliche Veranstaltung mit vielen tollen Bands, netten Menschen und einem vorzüglichen Essen. Kurz vor meinem Auftritt fing es an, wie aus Kübeln zu schütten.

In dem Moment bat ich Gott, er möge den Regen stoppen und stattdessen einen Regenbogen schicken. Wenige Minuten später hörte es vor Hunderten von Zuhörern auf zu regnen und ein doppelter Regenbogen erschien am Himmel! So etwas hatte ich bis dahin noch nie gesehen. Die Besucher waren außer sich vor Freude.

Mitten in dieser Szene sagte ein junger Mann seinem Vater zum ersten Mal vor anderen Menschen, dass er ihn lieb habe. Dann kam ein etwa 25-jähriger Russlanddeutscher auf mich zu. Er meinte, er habe seinen Vater noch nie gesehen, da dieser in Moskau lebe. Obwohl er ihn noch nie gesehen habe, habe er eine unendliche Sehnsucht nach ihm. Er teilte mir mit, dass er seine Telefonnummer und Anschrift habe und ihn heute zum ersten Mal anrufen wolle, um ihm von seiner Sehnsucht zu erzählen. Während ich sprachlos dastand, waren die Besucher immer noch begeistert vom doppelten Regenbogen. Ein Regenbogen drückt die Liebe Gottes zu uns aus. Die Besucher wussten, dass dieser Regenbogen ein spezieller Liebesgruß vom himmlischen Vater an sie war.

Mein doppelter Regenbogen

Wenn Gott ein Herz berührt

Vor einigen Jahren wurden wir in eine Grundschule eingeladen. Dort hatte eine Klasse eine neunjährige Mitschülerin immer wieder fertig gemacht. Auf Nachfrage teilte man uns Folgendes über die Schülerin mit: Das Mädchen hatte sehr arme Eltern und wurde deshalb immer wieder ausgelacht. Dazu kam, dass das

Kind keine Markenkleidung trug. Ein zweiter Grund für die Klasse, sie zu demütigen. Diese Verletzungen gingen so tief, dass das Mädchen nicht mehr am Sportunterricht teilnahm. Sie fragte sich: „Für wen soll ich am Barren turnen oder einen Purzelbaum machen, wenn alle nur auf meine Fehler warten, damit sie etwas zu lachen haben?" Es war nie einer da gewesen, der ihr geholfen hätte. Da niemand mit ihr spielte und sie irgendwann kaum noch sportlich aktiv war, bekam sie Übergewicht. Nun hatte die Klasse drei Gründe. Mit jedem Tag, der verging, litt das Mädchen mehr.

Irgendwann wusste sie nicht mehr, dass sie wertvoll ist. Sie hörte auf, sich zu pflegen. Für wen sollte sie sich denn noch hübsch machen und die Haare waschen? Für wen sollte sie sich eine Schleife oder Haarspange ins Haar machen, wenn ohnehin alle lachten? Nun hatte die Klasse den vierten Grund gefunden. Sie wurde als hässlich bezeichnet. Arme Eltern, keine Markenklamotten, Übergewicht und hässlich. Jeden Tag wurde auf die Seele des Kindes eingehämmert. Kinder, die so leiden, schlafen schlecht. Menschen, die am Arbeitsplatz und in der Schule gequält werden, leiden unendlich. Ihr schlimmster Tag ist der Sonntag. In der Nacht zum Montag gehen sie durch die Hölle. Die Klasse hat sogar noch etwas Schlimmeres gemacht. Eines Morgens versammelten sich sämtliche Schüler um das Mädchen, fassten sie an, hoben die Hände und schrien: „Wir haben die Pest von ihr!"

In jenem Augenblick hatte das Mädchen nur noch einen einzigen Wunsch: nicht mehr zu leben. Es bricht mir oft das Herz, wenn Kinder solche Dinge berichten.

Quälereien sind bei jedem Menschen schrecklich, aber bei einem Kind? Ich weiß nicht, wie ich das beschreiben soll. Ich erlebe das so häufig, dass ich es gar nicht zählen kann.

In dieser Schule hat die gute Zusammenarbeit von Lehrern, Eltern, Sozialarbeitern und der Polizei schon viel Schlimmes verhindert. Man hatte uns im Vorfeld auch gesagt, dass man schon einiges unternommen habe. Doch das habe immer nur kurze Zeit gehalten und dann gehe es weiter, wie zuvor. So gingen meine Kollegin und ich diesen schweren Weg in die Klasse. Es waren auch einige Eltern dabei und lauschten meinem Vortrag.

Ich habe nie einen genauen Plan. Ich lasse mich einfach leiten, lasse alles auf mich zukommen und handle instinktiv und individuell. Kurz bevor ich das Klassenzimmer betrat, wollte man mir sagen, welches das Mädchen sei. Aber das musste man gar nicht. Nicht weil ich so schlau bin, sondern weil ich genauso gelitten habe wie sie. Ich kenne ihre Schmerzen. Ich weiß um ihre unruhigen Nächte. Mir ist sehr wohl bewusst, wie glücklich sie freitagnachmittags und in den Ferien ist. Ich kenne das alles. Ich habe genauso gelitten und gelebt wie sie.

Also betraten wir das Klassenzimmer. Ich stellte mich kurz vor und ging schon wenige Augenblicke später auf das Mädchen zu.

Ich fragte sie ganz spontan: „Was hast du gestern Abend gemacht?" Ihre Antwort überraschte mich nicht, weil ich schon so viele unfassbare Dinge erlebt hatte. „Ich habe gebetet", flüsterte sie mir zu. Ich ahnte den Inhalt ihrer Gebete, denn ich hatte als Kind dieselben Gebete geflüstert.

Sie wollte keine Playstation, keine Nintendos, Wiis oder PC-Spiele. Das ist sowieso ein Gift, das die Seelen unserer Kinder vergiftet. Sie wollte nicht mal eine Barbiepuppe oder mehr Taschengeld. Alles, was sie sich von Gott gewünscht hatte, war „ihre Ruhe zu haben". Nachdem sie es mir zugeflüstert hatte, forderte ich sie auf, der Klasse laut zu sagen, was sie sich von Gott gewünscht hatte.

Die ganze Klasse war still. Schüler, Lehrer und Eltern warteten gebannt, was als Nächstes passierte.

Bevor ich weiterberichte: In den meisten Schulen will man von Gott nichts wissen und man sollte deshalb auch nicht von ihm sprechen. Ich respektiere das. Aber wenn ich gefragt werde, woher ich meine Kraft nehme, dann antworte ich immer ehrlich.

Ich sagte zu der Klasse: „Wenn das Gebet des Mädchens erhört werden soll, dann braucht Gott uns alle dazu, denn wir sind Gottes Mund. Sein Mund beleidigt und demütigt niemand, er lästert nicht über andere und schürt keine Intrigen. Er ist voller Liebe, Lachen, Trost und Hoffnung. Manchmal erhebt er seine Stimme für die Gerechtigkeit. Wir sind seine Hände. Gottes Hände schubsen niemanden herum. Sie sind voller Liebe, Zärtlichkeit und Geborgenheit. Manchmal erheben sie sich und setzen Grenzen, um das Wertvolle zu bewahren. Wir sind auch Gottes Beine. Gottes Beine treten keinen Menschen. Sie kommen immer zur Hilfe, wenn man sie braucht. Gottes Beine laufen niemals weg, wenn man sie braucht. Ihr habt nun zwei Möglichkeiten: Ihr könnt das Mädchen weiterquälen, ausgrenzen und demütigen oder euch heute ändern. Es ist eure Entscheidung, ob das Gebet von gestern Abend erhört wird oder nicht. Aber eines sage ich euch ganz deutlich: Mit dem Guten ist es wie mit dem Bösen. Einer fängt an zu klauen, rauchen, saufen, lästern oder schlagen, und die anderen machen mit. Es kann aber auch sein, dass einer aufsteht und für das Gute kämpft, und alle andere lassen sich davon anstecken und machen mit. Das ist nun ganz eure Entscheidung."

Ich setzte mich neben meine Kollegin. Ein unfassbares Schweigen erfüllte das ganze Klassenzimmer. Das kleine Mädchen, das so lange gedemütigt und verletzt worden war, stand nun ganz alleine vorne vor der Klasse.

Ich schloss einen Augenblick unbeobachtet die Augen und betete im Stillen: „Bitte, Vater! Berühre nur ein Herz! Nur ein Herz! Vater, ich bitte dich darum!"

Als ich meine Augen öffnete, erhob sich ein Mädchen von ihrem Platz und ging zum Erstaunen aller zu dem Mädchen nach vorne und begann mit zitternder Stimme zu sprechen: „Ich möchte mich bei dir für alles, was ich dir angetan habe, entschuldigen und verspreche dir, dass ich dir nie wieder wehtun werde."

Der Bann war gebrochen. Einer nach dem anderen erhob sich und ging zu dem Mädchen. Von vielen wurde sie sogar minutenlang umarmt. Die Eltern und viele Schüler weinten. Meine Kollegin und ich hatten auch Tränen in den Augen. Gott, der Vater, hatte sich hier die Ehre gegeben, war in dieses kleine Klassenzimmer gekommen und hatte ein Wunder gewirkt.

Doch diese Wunder sind alle in uns, weil Gott selbst in uns lebt.

Nachdem sich alle entschuldigt hatten, stand ich auf, ging zu dem Mädchen und fragte sie, wie es ihr gehe und ob Gott ihr Gebet erhört habe. Sie lächelte: „Es geht mir viel besser und Gott hat mein Gebet erhört!"

Ähnliche Wunder haben meine Kollegin und ich immer wieder erlebt. Hunderte von Schülern nahmen sich in die Arme, Lehrer versöhnten sich miteinander und unzählige Kids gingen nach Hause, um ihren Eltern nach langer Zeit mitzuteilen, dass sie sie liebten. Außerdem erlebte ich viele Eltern, die es sich nach einem Vortrag von mir nicht nehmen ließen, zu ihren Eltern zu gehen, um Frieden zu machen.

Dies alles haben meine Freunde und ich in den letzten zwanzig Jahren erlebt. Es kostet sehr viel Kraft, doch bei Gott finde ich immer wieder die Ruhe und Kraft, weiterzumachen.

Diese unfassbaren Erlebnisse sind alleine Gott zu verdanken. Ich habe sie nicht erwähnt, damit meine Freunde oder ich toll dastehen, sondern um zu zeigen, was mit Gottvertrauen und einer Portion Eigeninitiative möglich ist.

Vor 2000 Jahren haben zwölf Männer die Welt verändert. Was könnte aus dieser Welt werden, wenn wir alle die Botschaft weitersagen würden, dass Gott uns liebt, wir niemals alleine sind und er unser Vater sein möchte? Was könnte aus unserer Welt werden, wenn sich Hunderte und Tausende heute noch ändern würden? Wenn wir uns heute noch ändern, wird die Welt von morgen eine andere sein, und sei es nur die Welt um uns herum. Es muss sich im Kleinen etwas ändern, bevor sich im Großen etwas ändert.

Egal, was andere über dich sagen oder was man dir angetan hat, du hast die Gabe, dich selbst und die Welt zu verändern.

Für einen Baum gibt es immer noch Hoffnung, selbst wenn man ihn gefällt hat; aus dem Stumpf wachsen wieder frische Triebe nach (Hiob 14,7 HFA).

8 Licht im Dunkeln

In der Zeit, als meine Frau einen fürchterlichen Autounfall hatte (ich werde noch darauf zurückkommen), hörte ich von einem Mann, der ebenfalls einen sehr schweren Unfall hatte. Als ich davon erfuhr, konnte ich mir gut vorstellen, was er und seine Familie durchmachten.

Ich fing an, für diesen mir unbekannten Menschen zu beten. Ich wünschte mir für ihn, dass er in aller Dunkelheit Gott vertrauen und ihn kennenlernen würde. Ich bat Gott, mir diesen Menschen über den Weg zu schicken.

Als ich in jener Zeit einmal meine Frau im Krankenhaus besuchte, wurde ich vom Arzt gebeten, das Zimmer wegen einer Untersuchung zu verlassen. Ich ging hinaus auf den Gang. Als ich da stand, fuhr ein Mann in einem Rollstuhl an mir vorbei.

Da ich nicht auf den Mund gefallen bin, kamen wir schon nach wenigen Augenblicken ins Gespräch. Ich erfuhr, dass er der Mann war, der jenen schweren Unfall hatte. Unser Gespräch wurde immer intensiver. Irgendwann fragte ich ihn, ob er an Gott glaubte. Er meinte, es müsse wohl einen Gott geben oder zumindest ein höheres Wesen. Mit Verlaub, eine Katze auf dem Dach ist auch ein höheres Wesen! Der Gott, den ich meine, lebt nicht in irgendeiner Galaxie ganz weit entfernt, sondern ist uns näher als die Luft, die wir einatmen. Er sucht in jedem einzelnen Augenblick nach unserer Nähe. In Jesus Christus streckt er seine Arme sehnsüchtig nach uns aus.

Mit meiner kecken und unbekümmerten, aber auch liebevollen Art sagte ich ihm, dass ihm das Wichtigste fehle: Gott seinen Vater zu nennen. Ich merkte, dass ich ihn getroffen hatte. Das arbeitete in ihm. Wir stellten fest, dass sein Zimmer neben dem meiner Frau war. Welch ein Zufall! Wir wissen ja, es gibt keine Zufälle, sondern nur Ereignisse, die uns zufallen. Ich versprach dem Mann, dass ich ihm einige Bücher mitbringen würde. Nachdem ich ihm die Bücher gebracht hatte und er auch mit meiner Frau so manches Gespräch geführt hatte, merkte ich, dass sich sein Gesichtsausdruck immer mehr von Leere zu Zufriedenheit und Lebenssinn verwandelte. Eines Tages ging ich an der Krankenhauskapelle vorbei. Dabei fiel mir auf, dass die Tür ein Spalt weit offen war. Ich konnte einen Blick erhaschen, der mich sehr bewegte. Dort saß jener Mann im Rollstuhl, den Kopf gesenkt und tief ins Gebet versunken. Er hatte Jesus in sein Leben aufgenommen und nun kein „höheres Wesen" mehr, sondern einen Vater im Himmel. Es entstand ein reger Kontakt zwischen uns.

Einige Monate später kam er zu einem meiner Vorträge. Nach der Veranstaltung kam er sehr berührt zu mir und meinte, der entscheidende Moment sei der gewesen, als ich ihn gefragt hätte, ob er zu Gott schon einmal Vater gesagt habe. Diese Frage hatte derart an ihm gearbeitet, dass er nach diesem Vater zu suchen begann. Und der hat sich von ihm finden lassen.

Gott spricht: Wenn ihr mich von ganzem Herzen suchen werdet, so will ich mich von euch finden lassen (Jeremia 29,13-14 LUT).

So hat dieser Mann in der dunkelsten Zeit seines Lebens das wahre Licht und den Sinn seines Lebens gefunden, nämlich ein Kind Gottes zu werden.

Das ist schon wunderbar. Ich hatte Gott gebeten, diesem Mann zu begegnen. Ich hatte für einen mir völlig unbekannten Menschen gebetet, dass er Gott kennenlernen möge. Und was passierte? Unsere Wege kreuzten sich und er hatte ein Zimmer neben meiner Frau. Er suchte nach Gott und fand ihn. Sein Leben bekam einen tiefen Wert und Sinn. Heute schreibt er Gedichte, um seiner Liebe zu Gott Ausdruck zu verleihen, und hält Vorträge über seinen himmlischen Vater.

Viele solcher Wunder habe ich erlebt. Ich könnte gar nicht so viele Bücher schreiben, dass alles hineinpasst, was ich zu berichten hätte. Ich frage mich, wie viele Wunder jemand erlebt, der Gott nicht kennt und keinen himmlischen Vater hat.

Dieser Mann glaubt nun nicht mehr an ein höheres Wesen, das ganz weit weg ist, sondern an den, der uns nahe sein möchte und der sich nach deiner und meiner Liebe sehnt: Gott, der Vater.

Meine Frau und meine Tochter, vor dem Unfall

9 Die Irrfahrt

Die folgende unglaubliche und wunderbare Geschichte begab sich an einem trüben Samstagnachmittag im Dezember. Ich war zu einem Männertag eingeladen. Ein guter Freund begleitete mich zu diesem Termin.

Gute Gespräche ließen die zwei Stunden Fahrzeit ziemlich schnell vergehen. Um 16 Uhr sollte ich meinen Vortrag halten, doch wollten wir uns den leckeren Kaffee und Kuchen davor nicht entgehen lassen. Also kamen wir bereits um 15 Uhr bei der mir genannten Adresse an. In voller Vorfreude auf die Leckereien schnappten wir unsere Sachen aus dem Auto und steuerten auf den Eingang zu. Plötzlich kreuzte eine Nonne unseren Weg. In meinem Elan rief ich ihr von weitem zu: „Wo sind denn die Männer?"

Die Dame war so um die 80 Jahre alt. Eine kleine, zierliche und liebevolle Frau. Sie schaute mich lächelnd, aber auch verwundert an: „Hier sind keine Männer!" Ich meinte, ich hätte auf einem Männertag einen Vortrag zu halten. Sie gab mir zu verstehen, dass dieser definitiv nicht dort stattfand. Ich blickte mich um und schaute auf ein sehr großes Gelände. Dann fragte ich, ob wir nicht zu Fuß zum richtigen Ort gehen könnten. Da fing sie an zu lachen: „Ich glaube nicht, dass Sie jetzt noch zu Fuß in den Schwarzwald laufen können."

Da standen wir nun. Die Hoffnung auf Kaffee und Kuchen war geplatzt und mir wurde schlagartig klar, dass ich zu spät zum Vortrag kommen würde. Ausgerechnet ich, der immer wieder betont, wie wichtig es sei, pünktlich zu sein. In Pünktlichkeit sei Wertschätzung, Respekt, Achtung und vieles mehr enthalten. Nun denn! Wir gaben die neue Adresse ein und das Navigationsgerät gab mir die Information, dass uns 90 Fahrminuten von unserem richtigen Ziel trennten.

Die Nonne versprach, den Veranstalter des Männerabends, den sie kannte, über unsere Irrfahrt zu informieren und ihm mitzuteilen, dass wir später kommen würden.

Ich nahm alles so an, wie es war! Zwar regte ich mich ein bisschen auf, aber ich konnte es ja auch nicht ändern. In solchen Momenten vertraue ich darauf, dass alles einen tieferen Sinn hat. Ich wusste zwar nicht, was für einen, aber ich vertraute darauf, dass Gott das Beste daraus machen würde. Natürlich kamen wir dann auch noch in einen Stau und kurz vor dem Ziel stießen wir auf eine Umleitung. Während der Fahrt hatte ich meine Kollegin angerufen, die mir irrtümlicherweise die falsche Anschrift gegeben hatte. Dies ging ihr sehr nahe und es tat ihr leid. Ich konnte sie kaum beruhigen. Auch Sätze wie: „Es hat bestimmt einen tieferen Sinn" erzielten bei ihr nicht die gewünschte Wirkung.

Nach vielen Umwegen kamen wir dann doch noch an unser Ziel. Allerdings landeten wir 200 Meter vor dem Haus noch in einer Sackgasse. Aber auch diese Hürde überwanden wir. Und dann kam der große Moment, als ich tatsächlich vor ca. 100 Männern stand. Meine Entschuldigung wurde binnen Sekunden angenommen und aufmerksame Männer lauschten meinem Vortrag über „Väter & Söhne". Während ich über Vätersehnsüchte und Vergebung sprach, stand ein Mann auf und verließ für 15 Minuten den Saal.

An jenem Abend flossen viele Tränen. Gott berührte zahlreiche Männerherzen und das Lachen kam auch nicht zu kurz. Nach dem Vortrag umringten mich viele Männer, bedankten sich und schütteten mir ihr Herz aus. Das war einfach überwältigend. Ich wollte gerade den Saal verlassen, als ein Mann auf mich zukam. Ich erkannte ihn sofort. Es war jener Mann, der den Raum während des Vortrags verlassen hatte.

Mit Tränen in den Augen fing er an zu erzählen: „Ich danke Gott, dass du zu spät gekommen bist. Ich danke deiner Kollegin, dass sie dir die falsche Adresse gegeben hat. Ich habe gerade eben während des Vortrags das Gefühl gehabt, nach 43 Jahren zum ersten Mal meinen Eltern sagen zu müssen, dass ich sie liebe. Hätte ich sie früher angerufen, wären sie noch nicht da gewesen. Ein zweites Mal hätte ich es mit Sicherheit nicht probiert. Ich kenne mich gut. Eitelkeit und falscher Stolz hatten mich schon ein Leben lang davon abgehalten, diesen Schritt zu tun."

Da stand ich nun und konnte kaum glauben, was ich hörte. Ich freute mich unendlich und war einfach nur begeistert von Gott. Es ist unglaublich, was er tut, wenn man ihn bittet, gewähren lässt und auf ihn vertraut. Dabei wissen wir gar nicht, was er sonst noch alles für uns tun will. Aber eines Tages werden wir es wissen. Der Mann erzählte dann weiter und ich hörte bewegt und von Gott begeistert zu.

„Niemals habe ich den Satz ‚Ich liebe Dich' meinen Eltern gesagt. Sogar als mein Vater vor kurzem im Krankenhaus lag und um sein Leben kämpfte, brachte ich ihn nicht über die Lippen. Aber als du gesagt hast: ‚Tue es heute, sonst wirst du es nie tun!', da spürte ich, dass Gott es hier und jetzt haben wollte. Während des Telefonats mit meinen Eltern spürte ich einen unfassbaren und wunderbaren Frieden in mir. Meine Eltern weinten vor Freude und meine Mutter meinte zum Schluss: „Das wird das schönste Weihnachtsfest in unserem Leben."

Der Mann hatte Tränen in den Augen. Auch beim Schreiben dieses Kapitels bin ich tief bewegt. Ich bat den Mann, er möge sich doch bei Gott und meiner Kollegin bedanken. Er lächelte mich an: „Bei Gott habe ich mich schon bedankt, und jetzt rufe ich deine Kollegin an und werde dasselbe tun."

Dieser Mensch hatte den Ruf seines Vaters gespürt, Frieden zu machen. Er war diesem Ruf gefolgt. Nach 43 Jahren gestand er zum ersten Mal seinen Eltern seine Liebe. Wären wir früher bei der Männerveranstaltung gewesen, wäre alles anders gekommen.

Wir dürfen Gott alles anvertrauen: unsere Fehler, unsere Schuld, unser Versagen und all unsere Irrtümer! Er macht das Zerbrochene heil und aus Dunkelheit Licht!

Ich weiß aber, dass denen, die GOTT lieben, alle Dinge zum Besten dienen (Römer 8, 28).

*Danke, Vater, dass ich diese Erfahrung
als DEIN Kind machen darf.*

*Danke, Vater, dass das,
was ich für Unglück gehalten habe,
mir zum Besten gedient hat.*

*Hilf mir, Vater, dass ich solche Erfahrungen
als deutliche Zeichen DEINER Liebe
auf meinem weiteren Weg nicht vergesse.
Ich möchte aus DEINER Geschichte mit mir lernen.*

*Danke, Vater, dass sich meine Enttäuschungen
in Segen verwandelt haben
und mich DEINE schützende und leitende Hand
durch alles hindurch gehalten hat.*

*Hab' Dank, Vater, dass ich DICH lieben darf.
Ich möchte meinen Blick wieder
ganz neu auf DICH richten.
Ich möchte DIR wieder neu vertrauen.
Tu mit mir, was DU willst.*

*Ich bin ein Teil von DIR, ich bin DEIN.
Wenn DU mich begleitest, habe ich keine Angst,
DEINEN Weg zu gehen,
denn DU weißt, was gut für mich ist.*

*Was willst DU, Vater?
Was soll ich tun, was soll ich meiden?
Wo soll ich bleiben, wo soll ich hingehen?*

*Ich erlebe Frieden mit DIR.
Wenn ich annehme, was DU sendest,
darf ich DEINEN Frieden erfahren.
Vater, DEINEM Ratschluss kann niemand entrinnen.*

Ich möchte mich nicht dagegenstellen,
nicht kämpfen und nicht rebellieren.

Ich möchte DIR vertrauen
und im Vertrauen wachsen.
Ich vertraue DIR.
Ich habe Vertrauen, weil ich weiß,
dass alle Dinge von einem VATER kommen,
der in seiner Weisheit, Liebe und Macht
stets alles zum Besten dienen lässt.

Amen!

(H. Gessner)

10 Der Liebesbrief des Vaters

Ich habe jetzt sehr viel von Gott als Vater berichtet. Meine Worte können aber kaum beschreiben, wie sehr er uns wirklich liebt. Sieh doch mal, was in der Bibel steht. Lies bitte mit ganzem Herzen. Lerne darauf zu vertrauen, was der VATER aller Väter dir zu sagen hat. Ich wünsche dir, dass du ihm vertrauen kannst. Also höre gut zu, was dein Vater dir zu sagen hat.

Mein Kind,

Ich kenne dich ganz genau, selbst wenn du mich vielleicht noch nicht kennst.[1]

Ich weiß, wann du aufstehst und wann du schlafen gehst.[2]

Ich kenne alle deine Wege.[3]

Ich habe alle Haare auf deinem Kopf gezählt.[4]

Ich habe dich nach meinem Bild geschaffen.[5]

Durch mich lebst und existierst du.[6]

---

[1] Psalm 139,1
[2] Psalm 139,3
[3] Psalm 139,3
[4] Matthäus 10,29-31
[5] 1. Mose 1,27
[6] Apostelgeschichte 17,28

Du bist mein Kind.[7]

Ich kannte dich schon, bevor du geboren wurdest.[8]

Ich habe dich berufen, als ich die Schöpfung geplant habe.[9]

Du warst kein Unfall. Ich habe jeden einzelnen Tag deines Lebens in mein Buch geschrieben.[10]

Ich habe den Zeitpunkt und den Ort deiner Geburt bestimmt und mir überlegt, wo du leben würdest.[11]

Ich habe dich auf erstaunliche und wunderbare Weise geschaffen.[12]

Ich habe dich im Leib deiner Mutter kunstvoll gestaltet.[13]

Ich habe dich am Tag deiner Geburt hervorgerufen.[14]

Menschen, die mich nicht kannten, haben mich in falscher Weise repräsentiert.[15]

Ich bin nicht weit von dir weg oder zornig auf dich. Ich bin die Liebe in Person.[16]

Ich wünsche mir nichts sehnlicher, als dir meine Liebe verschwenderisch zu schenken.[17]

---

[7] Apostelgeschichte 17,28
[8] Jeremia 1,4-5
[9] Epheser 1,11-12
[10] Psalm 139,15-16
[11] Apostelgeschichte 17,26
[12] Psalm 139,14
[13] Psalm 139,13
[14] Psalm 71,6
[15] Johannes 8,41-44
[16] 1. Johannes 4,16
[17] 1. Johannes 3,1

Ich biete dir mehr an, als ein Vater auf der Erde es je könnte.[18]

Ich bin der vollkommene Vater.[19]

Alle guten Dinge, die du empfängst, kommen von mir.[20]

Ich stille alle deine Bedürfnisse und sorge für dich.[21]

Ich habe Pläne für dich, die voller Zukunft und Hoffnung sind.[22]

Ich liebe dich mit einer Liebe, die nie aufhören wird.[23]

Meine guten Gedanken über dich sind so zahlreich wie der Sand am Meeresstrand.[24]

Ich freue mich so sehr über dich, dass ich nur jubeln kann.[25]

Ich werde nie aufhören, dir Gutes zu tun.[26]

Du bist für mich ein kostbarer Schatz.[27]

Ich wünsche mir zutiefst, dich fest zu gründen und deinem Leben Halt zu geben.[28]

Ich will dir große und unfassbare Dinge zeigen.[29]

---

[18] Matthäus 7,11
[19] Matthäus 5,48
[20] Jakobus 1,17
[21] Matthäus 6,31-33
[22] Jeremia 29,11
[23] Jeremia 31,3
[24] Psalm 139,17-18
[25] Zephania 3,17
[26] Jeremia 32,40
[27] 2. Mose 19,5
[28] Jeremia 32,41
[29] Jeremia 33,3

Wenn du mich von ganzem Herzen suchen wirst, werde ich mich von dir finden lassen.[30]

Habe deine Freude an mir – ich will dir das geben, wonach du dich sehnst.[31]

Ich selbst habe diese Wünsche und Sehnsüchte in dich hineingelegt.[32]

Ich kann viel mehr für dich tun, als du es dir denken kannst.[33]

Ich bin derjenige, der dich am meisten ermutigt.[34]

Wenn dein Herz zerbrochen ist, bin ich dir nahe.[35]

Wie ein Hirte ein Lamm trägt, so trage ich dich an meinem Herzen.[36]

Eines Tages werde ich jede Träne von deinen Augen abwischen.[37]

Und ich werde alle Schmerzen deines Lebens wegnehmen.[38]

Ich bin dein Vater und ich liebe dich genauso, wie ich meinen Sohn Jesus liebe.[39]

Jesus spiegelt mein Wesen in vollkommener Weise wider.[40]

---

[30] 5. Mose 4,29
[31] Psalm 37,4
[32] Philipper 2,13
[33] Epheser 3,20
[34] 2. Thessalonicher 2,16-17
[35] Psalm 34,18
[36] Jesaja 40,11
[37] Offenbarung 21,3-4
[38] Offenbarung 21,3-4
[39] Johannes 17,23
[40] Hebräer 1,3

Er kam auf diese Welt, um zu zeigen, dass ich nicht gegen dich bin, sondern für dich.[41]

Er kam, um dir zu sagen, dass ich deine Sünden nicht länger anrechne.[42]

Jesus starb, damit du und ich wieder versöhnt werden können.[43]

Sein Tod war der extremste Ausdruck meiner Liebe zu dir.[44]

Ich habe alles für dich aufgegeben, weil ich deine Liebe gewinnen will.[45]

Wenn du das Geschenk, das Jesus dir macht, annimmst, empfängst du meine Liebe.[46]

Nichts kann dich jemals von meiner Liebe trennen.[47]

Komm nach Hause, damit wir die beste Party feiern können, die der Himmel je gesehen hat.[48]

Ich war schon immer dein Vater und werde immer ein Vater für dich sein.[49]

Ich frage dich nun: Willst du mein Kind sein?[50]

Ich warte auf dich.[51]

ALLES LIEBE, DEIN PAPA, DER ALLMÄCHTIGE GOTT

---

[41] Römer 8,32
[42] 2. Korinther 5,18-19
[43] 2. Korinther 5,18-19
[44] 1. Johannes 4,10
[45] Römer 8,31-32
[46] 1. Johannes 2,23
[47] Römer 8,38-39
[48] Lukas 15,7
[49] Epheser 3,14-15
[50] Johannes 1,12-13
[51] Lukas 15,11-32

Meine Tochter Laura

11 Die dunkelsten Stunden

Es ist drei Monate her, seit mein Vater starb. Eine dunkle und schmerzhafte Zeit. Oft konnte ich nachts nicht schlafen oder wachte schweißgebadet auf. Doch Gott tröstete mich immer wieder auf eine wunderbare Art und Weise.

Am 22. Oktober suchten meine Frau und ich einen Grabstein für meinen Vater aus. Es war ein weiterer Schritt des Abschiednehmens und der Trauerarbeit. Anschließend fuhr meine Frau mit ihren Geschwistern zum Einkaufsbummel. Ich dagegen ging zum Grab meines Vaters und anschließend in die Kirche. Es ging mir nicht gut. Etwas Seltsames ging in mir vor, ich kann es gar nicht beschreiben. Ich zündete ein paar Kerzen an und verharrte im Gebet. Dann fuhr ich heim. Zuhause angekommen, wollte ich noch einige Dinge am Schreibtisch erledigen, doch ich konnte nicht. Ich war zu aufgewühlt. Eine Unruhe machte sich in mir breit. Es war anders als sonst, wenn ich um meinen Vater trauerte, irgendwie anders.

Ich ging zum Esszimmertisch, auf dem meine Bibel lag. Bevor ich darin las, bat ich Gott im Gebet mir zu zeigen, was ich lesen soll. Ich nahm die Bibel und schlug sie wahllos auf. Bei Psalm 91 blieb ich hängen.

Ich begann zu lesen und mit dem Herzen zu hören, was Gott mir zu sagen hatte.

Wer im Schutz des Höchsten wohnt und ruht im Schatten des Allmächtigen, der sagt zum Herrn: „Du bist für mich Zuflucht und Burg, mein Gott, dem ich vertraue."

Er rettet dich aus der Schlinge des Jägers und aus allem Verderben.

Er beschirmt dich mit seinen Flügeln, unter seinen Schwingen findest du Zuflucht, Schild und Schutz ist dir seine Treue.

Du brauchst dich vor dem Schrecken der Nacht nicht zu fürchten, noch vor dem Pfeil, der am Tag dahinfliegt, nicht vor der Pest, die im Finstern schleicht, vor der Seuche, die wütet am Mittag.

Fallen auch tausend zu deiner Seite, dir zur Rechten zehnmal tausend, so wird es doch dich nicht treffen.

Ja, du wirst es sehen mit eigenen Augen, wirst zuschauen, wie den Frevlern vergolten wird.

Denn der Herr ist deine Zuflucht, du hast dir den Höchsten als Schutz erwählt. Dir begegnet kein Unheil, kein Unglück naht deinem Zelt. Denn er befiehlt seinen Engeln, dich zu behüten auf all deinen Wegen.

Sie tragen dich auf ihren Händen, damit dein Fuß nicht an einen Stein stößt; du schreitest über Löwen und Nattern, trittst auf Löwen und Drachen.

„Weil er an mir hängt, will ich ihn retten; ich will ihn schützen, denn er kennt meinen Namen.

Wenn er mich anruft, dann will ich ihn erhören.
Ich bin bei ihm in der Not, befreie ihn und bringe ihn zu Ehren.
Ich sättige ihn mit langem Leben und lasse ihn schauen mein Heil."

Ich spürte, etwas Schreckliches würde geschehen. Beklemmung und Angst nahmen von mir Besitz. Ich schaute zur großen Terrassenglastür hinaus in den Himmel und zu den Bäumen. Ich ging in einen anderen Raum, um nicht von außen gesehen zu werden, und ging auf meine Knie.

„Himmlischer Vater, ich habe Angst … bitte halte mich, ich spüre, etwas Entsetzliches wird passieren, ich weiß nicht was, aber mit dir will ich diesen Weg gehen."

Am nächsten Tag hatte ich eine Veranstaltung im Raum Nürnberg. Ich verließ frühmorgens das Haus. Meine Frau wollte mit unserer Tochter, einer Freundin und deren Sohn nachkommen.

Die Veranstaltung, die ich moderierte, war schon voll im Gange, als gegen 11 Uhr das Handy meines Freundes klingelte. Es war ihm peinlich und er drückte den Anruf weg. Es klingelte ein zweites und ein drittes Mal, dann ging er ran und verließ den Raum. Durch eine Glastür sah ich ihn draußen stehen. Er kam wieder herein und rief eine Dame zu sich, die dann auch den Raum verließ. Dann rief man mich nach draußen. Dort erzählte man mir, dass die Beifahrerin meiner Frau tödlich verunglückt war.

Ich war wie gelähmt. Eine wunderbare, herzensgute, stets gutgelaunte Frau starb vor wenigen Augenblicken bei einem Unfall. Ich verstand das nicht. Freunde um mich herum schrien, weinten oder waren einfach nur vor Entsetzen still.

Während ich diese Zeilen schreibe, durchlebe ich das Ganze noch einmal. Das ist nicht so einfach.

Ich schrie nach meiner Frau und nach meinem Kind, wollte wissen, was mit ihnen ist. Man konnte mir keine genauen Antworten geben, wie es um sie steht. Man erzählte mir nur, dass sie lebten und auf dem Weg ins Krankenhaus seien.

Mein Freund Erich, ein Polizist, sagte, er fahre mich ins Krankenhaus. Energisch sagte ich: „NEIN, ich fahre selbst, ich bestimme, wann und wie wir im Krankenhaus ankommen, telefonier' du mit deinen Kollegen."

So fuhr ich die schlimmsten Kilometer meines Lebens. Zwei volle Stunden lang wusste ich nicht, ob meine Familie noch lebte. Und wieder meine Frage: Zu wem schreist du, wenn nicht zu Gott? Können Horoskope, Steinchen, Glücksarmbänder und solche Dinge helfen? Nein, jetzt brauchte ich ein DU als Gegenüber. Ich betete pausenlos, während Erich telefonierte. Immer wieder betete ich: „Jesus, dich will ich lieben, wenn es mir gut geht, und dich will ich lieben, wenn es mir schlecht geht." Immer wieder betete ich diese Zeilen. Immer wieder sprach ich zum Vater.

Nach etwa zwei Stunden erreichten wir das Krankenhaus. Zwischenzeitlich hatte Erich von seinem Kollegen erfahren, dass der Junge unserer Freundin und meine Tochter mit leichteren Verletzungen davongekommen waren. Die seelischen Verletzungen ließen sich gar nicht beschreiben. Im Krankenhaus raste ich wie ferngesteuert zum OP-Bereich.

Ich klopfte an die Tür. Ein Mann machte mir auf und fragte, was ich wollte. Ich fragte, ob ich zu meiner Frau kann. Er verneinte dies, denn sie sei schon im OP-Saal. Ich fragte ihn, ob sie durchkommt. Kühl und hart antwortete er mir:

„Das weiß ich nicht, das entscheidet sich in den nächsten Tagen." Mit diesem Satz schloss er die Tür vor meiner Nase. Da stand ich nun. Dann traf ich meine Schwiegereltern, sie hatten meine kleine Prinzessin auf dem Arm. Sie schrie fürchterlich. Sie war verbeult und voller blauer Flecken. Sie hatte sich das Schien- und Wadenbein gebrochen, dazu hatte sie eine Leberquetschung und musste im Krankenhaus bleiben. Sie kam zusammen mit dem Jungen, der überlebt hatte, in ein Zimmer.

Es war unbeschreiblich. Da waren Menschen, die einen geliebten Menschen verloren hatten, und auf der anderen Seite Menschen, die noch hofften.

Der Junge hatte meine Tochter aus dem qualmenden Fahrzeugwrack gezogen. Er ist seitdem unser aller Lebensretter, ein toller und tapferer Kerl.

Die Notoperation dauerte mehrere Stunden, in denen ich immer wieder die Einsamkeit und das Gebet suchte. Immer wieder ging ich auf die Knie. Manchmal ging ich auf die Toilette und klopfte leicht mit meinem Kopf gegen die Wand, immer und immer wieder, mit den Worten: „Herr Jesus, bitte hilf!"

Nur er konnte helfen. Alles, was der Mensch geschaffen hat, ist kleiner als der Mensch selbst. Ich brauchte Hilfe von ganz oben, vom Allermächtigsten im ganzen Universum. Kein Religionsstifter konnte mir da helfen. Die sind alle tot. Das Grab meines Gottes ist leer, weil er lebt. Ich brauchte einen lebendigen Gott, der selbst das Leben ist. Ich brauchte diesen Jesus, der den Blinden sehend machte, der den Verkrüppelten aufrichtete, der den Jüngling zu Nain, die Tochter des Jairus und Lazarus von den Toten zurückholte und ihnen das Leben schenkte.

Ich brauchte den, der all diese Wunder für andere tat und nie eines für sich selbst. Ich brauchte Jesus, der die Dinge tat, die nie einer zuvor oder danach getan hatte. Immer wieder schrie ich zu ihm, meinem Freund, meinem Herrn und Gott.

Nach etwa fünf Stunden, fünf unendlich langen und qualvollen Stunden, durfte ich mit meinem Schwiegervater auf der Intensivstation zu meiner Frau. Da lag sie, um ihr Leben kämpfend.

Der Arzt berichtete mit leiser Stimme, dass sie in etwa 50 Knochenbrüche habe. Außerdem habe sie drei Liter Blut verloren und diverse innere Verletzungen. Mein Schwiegervater und ich standen fassungslos da und hörten, was der Arzt uns sagte.

Ein junger Mann, der fast doppelt so schnell gefahren war als erlaubt, hatte unfassbares Unheil über zwei Familien gebracht.

Mein Schwiegervater nahm seine Taschenbibel heraus und sagte mit entschlossener Stimme:

„Ich will wissen, was Gott uns zu sagen hat." Während ich diese Zeilen schreibe, bekomme ich eine Gänsehaut.

Ich senkte meinen Kopf und schloss meine Augen. Ich war gespannt und bereit, mit dem Herzen zu hören, was Gott in dieser dunkelsten Stunde meines Lebens zu sagen hatte. Da fing mein Schwiegervater an zu sprechen: „Wer im Schutz des Höchsten wohnt und ruht im Schatten des Allmächtigen, der sagt zum Herrn: Du bist für mich Zuflucht und Burg, mein Gott, dem ich vertraue."

Ich war fassungslos und konnte nicht glauben, was ich da hörte. Es waren genau die Zeilen, die ich am Abend zuvor gebetet hatte. Ich erzählte meinem Schwiegervater die Vorgeschichte. Er weinte: „Nun weiß ich, sie wird gesund, sie schafft es."

Dann wiederholte er immer und immer wieder die letzten Zeilen des Psalms.

Er ersetzte das „Er" im Psalm mit „Sie".

„Weil SIE an mir hängt, will ich SIE retten;
ich will SIE schützen, denn SIE kennt meinen Namen.
Wenn SIE mich anruft, dann will ich SIE erhören.
Ich bin bei IHR in der Not, befreie SIE und bringe SIE zu Ehren.
Ich sättige SIE mit langem Leben und lasse SIE schauen mein Heil."

Das Personal auf der Intensivstation war sehr berührt von dem, was da geschah. Der Arzt meinte: „Durch den großen Blutverlust und die Untertemperatur ist der Kreislauf in der Gefahr zusammenzubrechen. Wenn das passiert, könnte sie sterben. Der Körper muss unbedingt warm werden."

Und wieder frage ich: Wo schreien jene hin, die Gott nicht haben wollen, die ihn hochkantig aus ihrem Leben geworfen haben? Wo schreien jene hin, die auf Glücksbringer vertrauen? In den dunkelsten Stunden fehlt ihnen das Wesentlichste, das Wichtigste, der Trost und die Hoffnung des himmlischen Vaters, es fehlt ihnen ein vertrautes DU als Gegenüber.

Ich stand auf und legte die Hand auf meine Frau und sprach vor den anwesenden Personen:

„Herr Jesus, du bist doch das einzig wahre Licht auf der Welt, und wo Licht ist, ist doch Wärme. Komm jetzt bitte mit deiner Wärme."

Nachdem ich dieses Gebet vor Zeugen sprach, wurde der Körper warm. Mein Schwiegervater und ich erlebten, wie unser Jesus diese Bitte in kurzer Zeit erfüllte. Im Fünf-Minuten-Takt stiegen die Dezimalstellen ihrer Temperatur nach oben.

In vielen Teilen Deutschlands, der Schweiz, Österreichs und sogar darüber hinaus wurde für das Leben meiner Frau gebetet. Immer wieder war sie in Lebensgefahr, weil sie hohe Entzündungswerte hatte. Doch wir wussten: Gott holt sie da raus. Ihr Körper wurde und wird immer noch von vierzig Schrauben, Platten und Nägeln gestützt. Wir bekamen von überall her Unterstützung. Es war und ist immer noch eine sehr schwere Zeit. Immer wieder kamen Menschen zu meiner Frau und wünschten uns „toi, toi, toi" oder wollten die Daumen drücken. Wir erklärten ihnen, was „toi, toi, toi" wirklich bedeutet, nämlich Teufel, Teufel, Teufel. Damit wollen wir nichts zu tun haben. Dieser hat schon genug Schaden in den Herzen der Menschen und in der Welt angerichtet, und was soll ein gedrückter Daumen uns bringen?

Wir vertrauen auf Gott, das ist unser größtes Glück. Viele haben unsere Erklärungen nicht verstanden und waren verwundert, als wir sie stattdessen um Gebete baten.

Meine Frau hat viele Operationen hinter sich. Sie musste viel leiden. Sie verlor eine gute Freundin, brach sich sehr viele Knochen und erlitt innere Verletzungen. Sie wird wohl nie wieder richtig gesund werden und trägt zahlreiche Narben mit sich herum, aber sie hat niemals an Gott gezweifelt. Er stützte sie, tröstete sie und rettete sie in der Not. Wir fanden keine Antwort auf die Warum-Frage. Gott wird uns eines Tages alle Fragen beantworten. Warum ist eine liebe Ehefrau und Mutter gestorben? Warum mussten unsere Kinder so etwas Schreckliches durchmachen? Warum musste meine Frau dies alles erleben und so viel leiden?

Und Gott wird abwischen alle Tränen von ihren Augen, und der Tod wird nicht mehr sein, noch Leid noch Geschrei noch Schmerz wird mehr sein (Offenbarung 21,4 LUT).

Wir wissen es nicht. Gott wird es uns eines Tages sagen. Meine Frau kann nun wieder fast normal am Leben teilnehmen. An einem trüben und nebligen Tag saß sie zum ersten Mal ganz aufrecht im Bett und wurde dann in den Rollstuhl gesetzt. Genau in diesem Augenblick schien ihr die Sonne ins Gesicht. Die Sonne schien nicht eine Minute davor oder eine danach, sondern genau in diesem Augenblick. Ein Gruß vom Himmel, der ihr sagte: „Ich, Gott, bin dein himmlischer Vater und halte alle meine Versprechen."

„Weil SIE an mir hängt, will ich SIE retten;
ich will SIE schützen, denn SIE kennt meinen Namen.
Wenn SIE mich anruft, dann will ich SIE erhören.
Ich bin bei IHR in der Not,
befreie SIE und bringe SIE zu Ehren.

Ich sättige SIE mit langem Leben und lasse SIE schauen mein Heil."

Dies war die Geschichte meines Gottes und Vaters in der dunkelsten Zeit meines Lebens. Er möchte auch dein Vater sein. Wir haben noch viele Wunder erlebt, die ich hier nicht alle aufzählen kann. Viele Bücher könnten nicht fassen, was wir erlebten. Tausende Menschen haben gebetet. Ihre Gebete gingen direkt vor den Thron Gottes. Wir wissen nicht, wohin unser Weg uns führt, doch wir wissen, dass Gott uns führt.

Alles hat seine Zeit, und alles Vorhaben unter dem Himmel hat seine Stunde: geboren werden hat seine Zeit und sterben hat seine Zeit; einpflanzen hat seine Zeit, ausreißen, was gepflanzt ist, hat seine Zeit. Weinen hat seine Zeit und lachen hat seine Zeit (Prediger 3,1-2.4 SLT).

Schlusswort

Lieber Leser, dies war meine Vatergeschichte. Die Geschichte meines irdischen Vaters und die des himmlischen Vaters. Ich schrieb über meine Fehler und all die
Wunder, die ich erlebt habe. Nun liegt es an dir, etwas
daraus zu machen. Hat man dich im Leben oft enttäuscht, wirst du mir auch nicht vertrauen. Suchst du
nach Fehlern, dann wirst du mit Sicherheit welche gefunden haben. Warst du aufrichtig auf der Suche nach
dem Sinn des Lebens, dann weißt du, dass Gott möchte, dass du aus freiem Willen heraus sein Kind sein
möchtest. Es ist zu wunderbar, um das zu beschreiben:
Gott möchte, dass du Vater zu ihm sagst, sein Kind
wirst und Mitglied der heiligen Familie Gottes wirst.
Wenn du denkst, dass du das nicht wert bist, kann ich
dich beruhigen.

Jesus war die meiste Zeit mit den Menschen zusammen, die in der Gesellschaft nichts galten. Der Erste,
der ins Paradies kam, war ein Mörder. Er wurde an der
Seite Jesu gekreuzigt. Er bat Jesus: „Herr, denke an
mich, wenn du in dein Königreich kommst."

In den meisten Religionen muss sich der Mensch das
ewige Leben hart erkämpfen und vor Gott Leistung
bringen. Im Evangelium der „Guten Nachricht" ist das
völlig anders. Da hören wir von der unbeschreiblichen

und wunderbaren Botschaft, dass GOTT selbst etwas getan hat: *„So sehr hat Gott die Welt geliebt, dass er seinen Sohn gab, auf dass alle, die an ihn glauben, nicht verloren gehen, sondern das ewige Leben haben."*[1]

Was brachte dem damaligen Mörder trotz seines verpfuschten Lebens die Ewigkeit? Gute Taten waren es nicht, denn seine Hände waren angenagelt. Er konnte auch keinen Schritt mehr gehen, denn seine Füße waren ebenso angenagelt. Es war sein Vertrauen in Jesus. Das ist alles, Vertrauen in Gott, den Vater, durch Jesus, seinen Sohn, der uns den Vater zeigte. Eines Tages wirst auch du vor Gott stehen und er wird dich fragen: „Hast du mich lieb?" Er kennt bereits die Antwort, bevor du sie ihm sagst. Was wirst du ihm antworten? Du weißt nie, wann du gehst. Wenn es heute wäre, was würdest du sagen?

Ja, ich gebe zu, es ist sehr schwer, in dieser zunehmend vaterlosen Welt von Gott als Vater zu berichten. Doch gerade deshalb ist es umso wichtiger. Er möchte sich deiner annehmen. Du kannst zu ihm kommen so wie du bist, mit all deinen Stärken und Schwächen, mit all deinem Versagen und allen deinen Zweifeln, und ich kann mir denken, dass du viele Zweifel hast. Gib Gott eine Chance. Er liebt dich so, als gäbe es keinen anderen Menschen auf dieser Welt.

In meiner Tätigkeit im Sicherheitsdienst, in Schulen und Gefängnissen bin ich sehr vielen Jungs und Männern begegnet, die ohne Vater aufgewachsen waren oder die einen Vater hatten, der sie alles andere als wertvoll behandelt hatte. Viele von ihnen verschafften sich durch Gewalt Anerkennung und Respekt. Manche

---

[1] Johannes 3,16 LUT.

müssen sich mit Alkohol und Drogen benebeln, um sich nicht mit der Wahrheit auseinandersetzen zu müssen.

Viele von ihnen hatten unzählige Frauengeschichten. Jede einzelne war ein Stück Vaterersatz. Immer wieder wollen sie von den Frauen hören, was der Vater nie gesagt hat: „Ja, du bist ein toller Typ."

Das erinnert mich an ein Buch, das ich einmal gelesen habe. Darin stand: Ein Vater hat zwei Dinge zu tun: seiner Tochter zu sagen, dass sie wunderschön ist, und seinem Sohn zu sagen, dass er ein toller Kerl ist.

Wenn unsere Kinder das nicht von ihrem Vater hören, werden sie alles tun, um es von anderen zu hören. In Wahrheit suchen sie ihren Vater darin. Ich bin kein Psychologe, aber das ist die Erfahrung aus meinen eigenen Wunden und Fehlern und aus meiner Arbeit mit Hunderttausenden von Jugendlichen.

Wir werden keine wahren Männer, nur weil wir überdimensionale Muskeln haben und Breitreifen, Alufelgen oder Spoiler besitzen. Auch nicht, wenn wir andere verletzen, bedrohen oder beleidigen. Nur ein Vater kann seinem Sohn zeigen, was es bedeutet, ein richtiger Mann zu sein. Eine Mutter kann die beste Mutter der Welt sein, sie wird aber immer eine Frau bleiben.

Letztendlich entdecken wir nur bei Gott unsere wahre Männlichkeit. Er zeigt uns in seinem Wort, wie wir wahre Männer werden. Ein wahrer Mann kämpft stets für das Gute, und das Gute hat einen Namen: Jesus Christus – der vollkommenste Mann, der je die Welt betreten hat. In ihm ist alles vereint, was uns zu einem richtigen Mann macht. Er ist so ganz anders, als wir ihn uns vorstellen.

- Jesus kam auf diese Welt, obwohl er wusste, was die Welt mit ihm machen würde.

- Er arbeitete viele Jahre als Zimmermann und hatte einen festen Händedruck voller Leben.

- Er ging den schwersten Weg, den je ein Mensch gegangen ist.

- Er hielt Vorträge vor Tausenden von Menschen. Seine Stimme muss demnach laut und klar gewesen sein.

- Als er die Geldwechsler aus dem Tempel trieb, war er voller Feuer.

Was für ein Mann! Und das Faszinierendste war, auch Gott gab ihm eine tiefe Bestätigung. Bei seiner Taufe am Jordan erklang die Stimme Gottes vom Himmel: *„Dies ist mein geliebter Sohn, an ihm habe ich Wohlgefallen."*[2]

Das heißt nichts anderes als: „Mann, hab' ich dich lieb! Du bist ein toller Kerl!" Ja, Söhne brauchen das gute Wort eines Vaters. Was passiert, wenn unsere Söhne das nicht hören? Sie werden verzweifeln und orientierungslos sein. Gott möchte ihr Vater sein, er möchte ihnen geben, was kein Mensch und kein irdischer Vater geben kann.

Gott, der Vater, will deine und meine Sehnsüchte stillen. Wir dürfen sogar versagen, er bleibt dennoch treu an unserer Seite.

Stolze Staatsmänner kamen und gingen, doch einer bleibt. Dichter, Denker und Philosophen kamen und gingen, doch einer bleibt. Religionsstifter kamen und gingen, doch einer bleibt. Wenn alle gegangen sind, bleibt nur noch einer: Jesus Christus.

---

[2] Matthäus 3,17.

Er liebt dich auch ohne Leistung, so wie ein Vater seine Kinder liebt. Sie müssen für diese Liebe nichts tun. Sie dürfen sie einfach annehmen und sich beschenken lassen.

Langsam komme ich nun zum Ende. Denke daran: Du musst die Lasten deines Lebens nicht alleine tragen. Gott, der Vater, möchte dich durch Jesus befreien und deiner Seele den Frieden geben, nach dem du dich sehnst. Du darfst abgeben, du darfst vergeben und das Gute reichlich weitergeben. Es liegt jetzt an dir. Heute ist der erste Tag deines neuen Lebens.

Falls du mal eine schlechte Erfahrung mit der Kirche gemacht hast, möchte ich dir sagen, dass dort, wo Menschen sind, Fehler gemacht werden. Wenn wir nach diesen Fehlern Ausschau halten, werden wir sie finden. Wenn wir allerdings nach dem Guten suchen, das von Kirchen und Gemeinden getan wird, dann finden wir das auch. Also ist es wieder die Frage, wonach wir eigentlich suchen. Werde doch Mitglied in einer Gemeinde, trage dort mit deinem Teil zum Guten bei. Ich wünsche dir, dass dich dieses Büchlein bei der Heilung deiner Vaterwunden einen großen Schritt nach vorne bringt. Ich hoffe, dass du deinem himmlischen Vater vertraust in allem, was du tust. Lade ihn ein, egal wohin du gehst, und teile dein ganzes Leben mit ihm. In Gott findest du:

Deine wahre Herkunft,
Deine wahre Bestimmung,
Den Weg zum wahren Mannsein,
Den Sinn deines Lebens,
Halt in dunklen Stunden,
Hilfe in größter Not,

Deine Identität,
Die Liebe selbst,
Einen, der dich fängt, wenn du fällst,
Einen, der tröstet, wenn du weinst,
Einen, der mitlacht, wenn du lachst,
Einen, der bleibt, wenn alle gegangen sind,
Einen, der dich liebt, so wie du bist,
In Gott findest du deinen wahren Vater, der all deine Sehnsüchte stillt.

Dieses Buch habe ich aus einem inneren Drängen heraus geschrieben. Ich fühlte, dass Gott es wollte. Ich bin nur ein einfacher Mensch, der Gott unendlich lieb hat und ihn schon oft erlebt hat. Ich werde oft belächelt, aber das ist o.k. Es muss nicht jeder so denken und fühlen wie ich. Es war mir nur wichtig, von dem zu berichten, was Gott Gutes in meinem Leben getan hat und von dieser unfassbaren Liebe, die ich empfangen habe. Es war mir wichtig, all diese Wunder weiterzugeben.

Ich bin mir sicher, Gott, der Vater, hat in Vielem zu dir persönlich gesprochen. Hast du mit dem Herzen zugehört?

Ich gab dem Drängen nach und habe das geschrieben, was mir auf dem Herzen lag.

Den nächsten Schritt darfst du selbst tun. Es ist an der Zeit, alle Vatersehnsüchte zu stillen!

Daran könnt ihr erkennen, dass der Herr, euer Gott, es gut mit euch meint. Er erzieht euch wie ein Vater seine Kinder (5. Mose 8).

GOTT WÜNSCHT SICH DEINE LIEBE

UND DASS DU IHN VATER NENNST.

BIST DU BEREIT, DIESES ABENTEUER ZU WAGEN?

MIT IHM AN DEINER SEITE BIST DU NIE ALLEIN.

ER GAB DIR DIE GABE, DICH SELBST UND DIE WELT

ZUM GUTEN ZU VERÄNDERN.

FANG AM BESTEN JETZT GLEICH DAMIT AN.

Gottes unfassbaren, wunderbaren, liebevollen und schützenden Segen sendet dir

Michael Stahl

Das vorliegende Buch ist auch als MP3-Hörbuch erschienen, gelesen von Michael Stahl:
ISBN: 978-3-936322-76-7
Bestell-Nr.: 359276

Außerdem ist das Buch auch in Englisch und Russisch erschienen:

Englisch:
Longing for a Father
ISBN: 978-3-95578-901-5
Bestell-Nr.: 356901

Russisch:
Toska po Otzu
ISBN: 978-3-95578-900-8
Bestell-Nr.: 356900

Zum Autor

- Jahrgang 1970, verheiratet, zwei Kinder
- VIP-Bodyguard (u. a. Papstbesuch 2006, Muhammad Ali)
- Gewaltpräventionsberater für TV Sendungen (u. a. bei ARD, Sat 1, RTL, Bibel TV, Pro 7) sowie an Schulen, in Heimen, Gefängnissen, Kindergärten, Gemeinden, Internaten, Firmen usw.
- Im Rahmen dieser Projekte unterrichtete Michael Stahl Hunderttausende Kinder und Jugendliche.
- Fachlehrer für Selbstverteidigung
- Buchautor: „Ein Bodyguard – im Auftrag des Königs", „Tränen Gottes" sowie „Verbranntes Männerherz"
- Komponist und Texter von „Feel the Power"
- Mitbegründer der bundesweiten Kampagne „Wahre Helden – Stars gegen Gewalt"
- Ausgezeichnet mit dem „WERTE AWARD"

Sehr gerne stehe ich für Vorträge, Projekte, Kurse usw. zur Verfügung.

Kontakt:

Michael Stahl | Bahnhofstr. 12 | D-73441 Bopfingen
Tel. (+49) (0)7362 92 19 06
www.security-stahl.de
www.team-mse.de

Management:

Hilda Kaufmann | Tel. (+49) (0)152 299 09 464

Weitere Produkte von Michael Stahl

Michael Stahl / Klaus Hettmer
Deine Sehnsucht nach dem Paradies

Jeder Mensch sehnt sich nach wahrer Liebe, bedingungsloser Annahme und echtem Frieden. Ohne Gott sind wir jedoch der Herrschaft von Lüge, Gewalt und Hass hilflos ausgeliefert.

Gott aber hat von Ewigkeit her einen anderen Plan für uns. Er will uns das verlorene Paradies wieder zugänglich machen. In Jesus Christus hat er den Teufelskreis menschlicher Schuld und Sünde durchbrochen und alles dafür getan, um uns Zukunft und Leben zu geben.

MutMacherKiste

Michael Stahl – der Mutmacher in Person – hat seine wichtigsten Erfahrungen der letzten Jahre zusammengetragen: viele faszinierende Geschichten über Wunder und Vergebung, die tief berühren.

Der Grafiker Rainer Zilly hat daraus ein kurzweiliges, ästhetisches und praktisches MitMach-Buch gestaltet – eine Fundgrube für alle, die neuen Mut brauchen, anderen Mut machen wollen oder gerne einfach interessante Geschichten und Berichte lesen.

Verbranntes Männerherz

Auf der Suche nach Männlichkeit (Roman)
Joe, der alles hat, was ein moderner Mann haben sollte, zweifelt an sich und seiner Männlichkeit. Auf der Suche nach Sinn begibt er sich auf eine abenteuerliche Reise.

Er begegnet einem mysteriösen Fremden, der ihm alle Fragen beantwortet, die ihn jahrelang gequält haben. Joe fängt an, an Gott zu glauben und ihn zu lieben. Unfassbare, unerklärliche und wunderbare Dinge geschehen. Wagen Sie mit ihm einen Blick in den Himmel.

Auch als Hörbuch erhältlich.

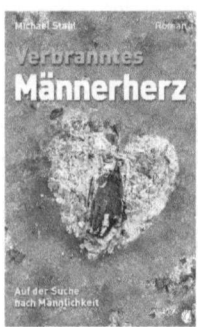

ERlebt

25 wunderbare Geschichten aus meinem Leben

Wer sagt einem jeden Tag, wie wertvoll man bist? Wer tröstet einen in schweren Stunden? Wohin mit Versagen und Schuld? Wohin mit unseren unerfüllten Sehnsüchten?

Begleite Michael Stahl und sein Team ein Stück des Weges, um Antworten auf all diese Fragen zu finden! Begleite ihn zu den Menschen, die ohne Hoffnung waren, zu den Sprachlosen, die nun singen. Höre jenen zu, die einst ohne Hoffnung und Trost waren. Setze dich mit ihm an das Bett von Sterbenden, die in letzter Sekunde das Leben fanden. Erlebe, dass ER (Gott) lebt und dich liebt!

MutMacherKiste, die zweite

Dies ist eine besondere Sammlung Mut machender Geschichten, Berichte und Erlebnisse. Michael Stahl, Rainer Zilly und viele ihrer Freunde erzählen von Momenten aus ihrem Leben, von Glaube, Hoffnung, Liebe, Freude, Wut und Trauer … Geschichten, die alltäglich, wundervoll oder spektakulär sind: Heilung von Krebs, Überwindung von Angst, Gebetserhörungen oder eine Begegnung im Himmel.

Weitere Produkte von GloryWorld-Medien

„Kirche nach dem Herzen Gottes"

Jim Montgomery
Ich lasse mein Licht leuchten

Wie Gottes Liebe zu meinen Nachbarn kommt;
96 S., Paperback

Wie können wir unseren Mitmenschen das Licht Jesu so bringen, dass sie Interesse am Glauben bekommen?

Anhand des Beispiels Jesu und seiner eigenen praktischen Erfahrungen zeigt Jim Montgomery auf, dass wir alle, ob jung oder alt im Glauben, unkompliziert und natürlich unseren Nachbarn ein Licht sein können.

Wayne Jacobsen, Geliebt!

Tag für Tag in der Zuneigung des himmlischen Vaters leben, 240 S., Paperback

Jeden Tag ein Leben zu führen, in dem wir völlig sicher sind, dass wir bedingungslos von Gott geliebt sind – ist das wirklich möglich, und wie sieht das konkret aus?

Wayne Jacobsen bringt uns Schritt für Schritt nahe, wie tief die Liebe Gottes zu uns wirklich ist: Wir sind nicht zu Sklaven, sondern zu Söhnen und Töchtern berufen. Die liebevolle Zuneigung unseres Vaters im Himmel gilt uns in allen Umständen. Wir erfahren eine lebendige Beziehung zu ihm, die uns von der Qual der Scham befreit und uns so verändert, dass wir als seine Kinder leben können.

Danny Silk
Erziehung mit Liebe und Vision

Herzensbeziehungen eingehen statt Machtkämpfe austragen; 170 S., Pb.

Danny Silk fordert uns in unserem bisherigen Denken über Liebe, Disziplin und Respekt, ja in unserer generellen Vorstellung von Kindererziehung heraus. Er stellt eine Denk- und Lebensweise vor, die eine Leichtigkeit und Frieden in unsere familiären und sonstigen Beziehungen bringt.

Marco Gmür (Hrsg.)
Väter und Mütter, die die Welt prägen

208 S., Paperback

Wie kann Kirche/Gemeinde zu einem Ort werden, an dem Menschen die Liebe des Vaters wirklich erleben und ganzheitlich heil sowie in ihre Berufung freigesetzt werden?

Vaterlosigkeit ist heute nicht nur ein Thema in der Gesellschaft, sondern (leider) oft auch in den Gemeinden. Gott, der Vater aller Vaterschaft, sucht geistliche Väter und Mütter, die bereit sind, sich an Einzelne hinzugeben, bis diese selbst fähig sind, geistliche Familien zu gründen.

In der Folge entstehen apostolische Großfamilien, in denen sich das Vaterherz Gottes fortpflanzen kann.

Dutch Sheets
Dein Herz soll wieder schlagen
Wie Gott neue Hoffnung in unser Leben haucht; 160 S.

Unerfüllte Hoffnungen und Wünsche können unser Herz emotional oder geistlich genauso krank machen wie physische Herzkrankheiten. Ja, sie haben die Macht, unsere emotionalen Herzen auszuschalten und unsere Fähigkeit, die Zukunft im Glauben und voller Zuversicht anzugehen, zu zerstören. Dutch Sheets erläutert, wie wir davon geheilt werden können.

Larry Crabb
Orte der Geborgenheit und Heilung
Auf dem Weg zu authentischen geistlichen Gemein-schaften; 280 S.; Paperback

In diesem bahnbrechenden Buch stellt uns Larry Crabb ein inspirierendes Bild vor Augen, was Kirche bzw. Gemeinde, ja auch jede Ehe, Familie und Kleingruppe eigentlich sein könnte: eine echte geistliche Gemein-schaft – ein Ort, an dem nicht erwartet wird, dass man schon eine gewisse Perfektion erreicht hat, sondern an dem Menschen sich miteinander auf den Weg zu Gott machen, ein Ort, an dem Gott Menschen heilen kann und an dem sie wieder miteinander in Verbindung kommen und letztlich auch mit ihm.

Larry Kreider
Authentisches geistliches Mentoring
Anderen helfen, im Glauben zu reifen; 240 Seiten, Pb.

Es ist kein Geheimnis, dass es einen großen Bedarf an geistlichen Vätern und Müttern gibt, die Mentoren für jüngere Christen sein können, um diese für ihr Leben und ihre Berufung zuzurüsten. Der Autor stellt insbesondere das Mentoring-Modell Jesu vor und zeigt auf, wie wir dieses in unserer geistlichen Familie anwenden können. Ob Sie einen geistlichen Mentor suchen oder einer werden wollen – dieses Buch ist gleicher-maßen für Sie geeignet!

Bestellen Sie in Ihrer Buchhandlung oder direkt beim Verlag:

GloryWorld-Medien | Beit-Sahour-Str. 4 | D-46509 Xanten
Fon: 02801-9854003 | Fax: 02801-9854004 | info@gloryworld.de

Aktuelles, Leseproben, Downloads & Shop: **www.gloryworld.de**